家长的觉醒

幸福家庭心理课

徐丹 著

宁波出版社

名家推荐

徐丹女士在早教行业工作多年，经验非常丰富，我们曾邀请过她来给参加我们情商讲师培训课的老师们做专业点评，老师们都觉得获益良多。得知徐老师近年与慈溪市总工会共同打造的"职工幸福家庭成长微课堂"圆满成功，并已结集成书，真是太好了！相信会有更多家长因此受益，在育儿路上不再焦虑。

——著名心理学学者、情商教育专家　张怡筠中华民族自古以来重视家国情怀,《孟子》有言:"天下之本在国,国之本在家,家之本在身。"

新时代下的家国情怀在增强民族凝聚力、建设幸福家庭、提高公民意识等方面都有重要的时代价值。徐丹女士与慈溪市总工会共同打造的"职工幸福家庭成长微课堂"就是扎根家国情怀,着眼个体家庭单位的一个范例。微课堂取材自生活中的点点滴滴,用具体事例,生动教育,让大家形成共鸣与认同,产生了非常好的实践效果,为构建和谐社会发挥着自己的独特作用。

——凤凰网副总编辑　侯春艳

恭喜我的好友徐丹女士写出新作，阅读她细腻的文字，如同又和她做了一次心灵沟通。徐丹女士身上有三个特点特别打动我：她是一位有热情的美妈、有毅力的酷妈和有耐心的暖妈。她把对孩子的大爱倾注在字里行间，智慧地指出孩子需要学会的不单纯是知识，更重要的是思想，是解决问题的方法，是如何生活得更好的技能。她助力家长学会平衡自我和育儿的关系，拿捏"没有责任感伤害孩子，太有责任感伤害自己"的角度，不以爱的名义干扰孩子的成长。

我欣赏徐丹多位一体、爱心满溢的人生状态。我推荐她这本有温度、有厚度的心灵之书。

—— 中西合璧亲子教育专家　黄静洁

静静读着徐丹女士的文字，就好像她本人在我面前，热情洋溢，眉飞色舞。这就是我认识的她，她谈起孩子和家庭，仿佛有说不完的热情。

她是一个学习力超强的妈妈，聪明又睿智，将自己的工作、家庭都操持得井井有条。父母是孩子的第一任老师，家庭的爱是孩子成长的原动力，陪孩子长大的过程，也是父母的修行之路。如何与孩子有效地沟通，与爱人亲密地互动？"美虹妈妈"的无私分享，如涓涓细流，温润了每一位为人父母的心。

——TouchBox 小创客联合创始人　李　梅

谁说女人有了事业就无法兼顾家庭？在徐丹女士的天平上，这两者相当平衡。她既是一位耐心、细致的好妈妈，又是一位成功的教育家、心理学家，她是女性朋友心中的榜样。

所以，十分推荐徐丹女士的这本新书。这是她从生活实践中总结出来的诸多经验，关于孩子的教育、培养，关于亲密关系的融洽、和谐，读完她细腻、流畅、生动、有趣的文字，我茅塞顿开，获益匪浅。

——北京庚星文化发展有限公司董事长　高　放

天赋是生命形成之始就决定了发展方向和成长特征，是一个人定向成长的内在因素。天赋上的明显优势可以让一个人在相应领域，在付出同等的努力情况下比他人更易取得成就。因此，天赋基因决定着一个人的发展方向，也决定着这个人成才的时间和概率。徐丹老师的书就像一本家庭基因解析说明，让家长觉醒。

——上海枫林医药医学检验有限公司
基因检测部总监　魏昭荣博士

与徐丹女士相识，基于对家庭教育及女性自我成长的关注。

常言道："一个好的女人可以旺三代"，可见女人在家庭中的重要性和特殊作用。自 2015 年起，为关爱慈溪市广大女职工的自我成长，我们陆续推出了"好家风"学堂等系列讲座，深受大家喜爱。为满足女职工在不同人生阶段的需求，在 2017 年，我们实施线上线下融合授课模式，开设"职工幸福家庭成长微课堂"，以扩大女职工的知识面。其中徐丹女士的课程不仅有现场实效，课后还有文字和音频，便于大家反复学习。

有一天与徐丹女士闲聊，我提出能否将之前微课堂的授课内容整理编印成册，分享给广大女职工或更多的女性，让她们结合这些案例，从生活的点滴中达到同频共振、润物无声的境界。感谢徐丹女士的慷慨，很快将此呈现。我推荐更多的女性阅读这本书，希望大家能从中找到自我成长的动力，促进家庭幸福美满，助推社会和谐进步。

—— 慈溪市总工会女职工委员会主任　朱会贞

自 序

2005年,因为孩子的原因,我接触了早教。随后的几年中,我从一名老师变成了某国际早教机构的全国早教理论培训师。这段时间里,我教过很多孩子,也认识了许多家长,从他们身上折射出的各种现象和问题,引发了我的思考。

2015年开始,我在全国范围内办起讲座,推广家庭教育和早期儿童教育。我希望通过这些讲述,让更多家长意识到孩子培养过程中的误区,学会用更科学的方法,了解孩子,读懂孩子,真正爱孩子。

2016年,我又创立了原生空间托育品牌——"自由的孩子(Free Kids)"。这给了我更多与孩子和家长相处的机会,也让我越发意识到:因爱生智慧,方能经营家。

举办了近300场全国讲座后,我印象最深刻的,是讲座后留下来提问的家长们。他们带着疑问、带着困惑,却又不知道该如何解决。如果家庭成员不和睦,亲密关系不牢固,亲子关系不科学,家庭教育是无法顺利实施的。

于是,从 2017 年开始,我和宁波慈溪市总工会合作,用三年时间,开展了 30 节家庭教育微课堂。每一堂课都引起了很好的反响,我很高兴自己的浅薄见解,能够为那些疑惑中的家长,提供解决之道。

如今,我将这些讲座的内容整理成书,分享给千万家庭。书中没有大道理,都是实际存在的真实案例。如有其中的一两个能让你找到共鸣,触动你的心灵,如有其中的一两篇能让你产生感悟,找到让家庭更幸福的好方法,这便是我这个教育工作者的福气!

徐 丹

2020 年 1 月 10 日

目　录

第一章
用引导的方式正面沟通

正面沟通

1.1.1 区分正面沟通和反面沟通　　003

1.1.2 教育不是立竿见影　　006

1.1.3 学会与人正面沟通　　007

1.1.4 甄别什么要说什么不说　　008

1.1.5 误区一：比较　　010

1.1.6 误区二：不平等的沟通　　011

1.1.7 误区三：不流畅的爱　　012

惩罚与疏导

1.2.1 打骂之前先想一想　　014

1.2.2 立规矩也有讲究 015
1.2.3 错误的惩罚方式 016
1.2.4 沟通之前,先"疏"为宜 018
1.2.5 "导"要讲究方式方法 019
1.2.6 放下威严,打破僵局 021
1.2.7 包容理解,倾听信任 022
1.2.8 爱比控制更重要 023

情绪管理
1.3.1 如何管理情绪 025
1.3.2 表达情绪还是发泄情绪 028
1.3.3 做情绪的主人 030
1.3.4 避免过度焦虑 032

信任感和自尊心
1.4.1 我们的安全感去了哪里 034
1.4.2 给孩子正能量的鼓励 036
1.4.3 信任是彼此的纽带 037
1.4.4 相信相信的力量 039
1.4.5 祝福比担心更有帮助 040

1.4.6 焦虑需要引导转化　　　　042

1.4.7 育儿焦虑不是小事　　　　043

1.4.8 懂得尊重　　　　045

1.4.9 形成自我约束　　　　046

第二章
给孩子正能量的鼓励

情商教育

2.1.1 如何看待挫折　　　　051

2.1.2 如何面对挫折　　　　054

2.1.3 挫折和失败是瑰宝　　　　056

2.1.4 情商教育的重要性　　　　057

2.1.5 情商教育的误区　　　　059

2.1.6 情商教育的正确方法　　　　061

学习力培养

2.2.1 建立内心秩序感　　　　064
2.2.2 培养学习原动力　　　　067
2.2.3 找对方式因材施教　　　069
2.2.4 成为懂得培育的园丁　　070

价值观

2.3.1 努力终会有回报　　　　072
2.3.2 树立正确的价值观　　　073
2.3.3 学会面对,勇于改变　　075
2.3.4 用德育灌溉孩子的心灵　076
2.3.5 如何进行生命教育　　　077
2.3.6 培养孩子的应变能力　　079

压力管理

2.4.1 学习成绩压力　　　　　080
2.4.2 对比比较压力　　　　　082
2.4.3 社交人际压力　　　　　083
2.4.4 孩子的沟通压力　　　　084
2.4.5 学会战胜压力　　　　　086

第三章
让孩子在学习中获取快乐

备 考

3.1.1 因夸赞而来的压力	089
3.1.2 正确的心理建设	090
3.1.3 考前的注意事项	091
3.1.4 正确的考后沟通方式	092
3.1.5 考后人际关系的处理	095

青春期

3.2.1 成长的烦恼	096
3.2.2 和青春期的孩子科学相处	097
3.2.3 让早恋的孩子明白爱的意义	099
3.2.4 悄悄为孩子把关	101
3.2.5 关注孩子的人际关系	103

校园暴力

3.3.1 不要漠视校园暴力	106

3.3.2 尽最大努力杜绝校园暴力　　108
3.3.4 正确地分析和教育　　109

对抗网瘾

3.4.1 网瘾是怎么形成的　　111
3.4.2 与网络建立正确的联系　　112
3.4.3 时间规划很重要　　114
3.4.4 用爱和包容让他们走出来　　115

第四章
言传身教做表率

家庭氛围

4.1.1 共同经营家　　119
4.1.2 家庭氛围很重要　　122
4.1.3 言传身教做表率　　123
4.1.4 身份转换，明确定位　　127

4.1.5 男人是天，女人是地　　130

4.1.6 教育应该与时俱进　　132

4.1.7 巩固经济基础　　133

夫妻关系

4.2.1 接纳他的小缺点　　136

4.2.2 赶走控制的心魔　　138

4.2.3 夫妻和谐，是家庭关系的定海神针　　141

4.2.4 维持魅力的秘诀　　141

4.2.5 如何提升魅力　　144

4.2.6 如何巩固亲密关系　　145

语言艺术

4.3.1 好好说话的方法　　148

4.3.2 伴侣间也要好好说话　　150

4.3.3 要赞美不要挖苦　　151

4.3.4 道歉的艺术　　154

4.3.5 道歉并不代表输了　　157

处理矛盾和背叛

4.4.1 矛盾不是贬义词　　　　　　160

4.4.2 别让第三者有机可乘　　　　162

4.4.3 用智慧化解背叛危机　　　　163

家校关系

4.5.1 学校与家庭相结合　　　　　166

4.5.2 家长的沟通压力　　　　　　169

4.5.3 常怀感恩之心　　　　　　　170

4.5.4 倾听"闯祸"孩子的心声　　　171

塑造格局

4.6.1 家风决定格局　　　　　　　174

4.6.2 学习开阔眼界　　　　　　　177

4.6.3 "我"才是一切的根源　　　　179

4.6.4 原谅过去,接纳自己　　　　181

4.6.5 接纳孩子,把爱延续　　　　184

第一章
用引导的方式正面沟通

对于"沟通"这个词,大家并不陌生,但很多人未必了解"正面沟通"的含义。

沟通还分正面和负面吗?当然。细细回想一下,生活中我们有时会说"这个人很会说话""那个人说话很难听",也经常有人开口第一句话就是:"我这个人说话很直,你不要介意啊。"如果是关系很好的朋友,我们可能会觉得这人性格直爽,不拐弯抹角,没有心机,但往往就是这些说话很直的人最容易得罪人。

正面沟通

扫一扫,听音频

📍 1.1.1 区分正面沟通和反面沟通

让我们不妨来看这样一个例子:

爸爸让孩子把红色的裤子拿过来,结果孩子拿了黑色的。此时,爸爸对孩子说:"我要的是红色的裤子,你为什么给我黑色的?"

孩子随即表示:"你没有和我讲清楚,我听到的就是'裤子',所以我觉得你可能要的是这条。"

爸爸不耐烦地说:"我已经说得很清楚了,我要的就是红色的裤子!"

于是,矛盾可能就会在父子之间产生,孩子也会觉得很委屈。

这时,看看妈妈是如何缓解矛盾的,妈妈对孩子说:"谢谢你帮爸爸拿裤子。你可以帮爸爸再拿一下他想要的颜色吗?也许他要的是红色的裤子呢?"

同样一件事情,爸爸和妈妈的目的相同,但说话的方式不同。你觉得孩子更愿意接受哪一种呢?相信大多数孩子都更能接受妈妈的沟通方式。妈妈的话让孩子心里很开心,因为她看到了孩子帮助家人拿裤子这一良好的举动,并在表示了肯定之后进一步告诉孩子,应该拿一条爸爸所要颜色的裤子。

这个简单的例子,向我们透露了正面沟通中十分重要的一点:在任何事情发生的时候,要看到孩子做得好、做得对的一面,然后告诉他如何能够做得更好。

有人会说这样太矫情了,自己的孩子还需要拍马屁吗?错了就是错了,怎么还去表扬他呢?这便引申出更进一步的话题:正面沟通到底有什么好处?

日常生活中,孩子会主动去做一些事情,而父母的态度往往决定了孩子的进一步行为。如果父母对孩子表示肯定、鼓励、赞美,他们便会一直做下去,而且越做越好;如果父母觉得他们做得不好,并提出批评指责,孩子便会对该事情表现出抗拒。因此,肯定孩子的行为,并非在乎事情的对错和结果,而应关注孩子是不是愿意采取行动。

其实有些时候,我们自己的言行,在潜移默化中也会对孩子造成很大影响。

工作了一天回到家,非常劳累,孩子的爷爷奶奶做了一桌子饭菜等着我们去品尝。这时爸爸对奶奶说:"妈,我跟你说了很多次,不要放那么多盐,你为什么总是不听?我现在很不开心,都不想吃饭了!"

孩子会从爸爸的言语中学到什么呢?爷爷奶奶辛苦做的饭,因为多放了一点盐,爸爸就不断指责,甚至发火。

如果这时妈妈对奶奶说:"妈,您既要带孩子,又要打扫屋子,做饭的时间肯定很紧张,所以可能不小心多放了些盐,这没有什么关系。不过,摄入太多的盐对身体健康不利,所以希望您下次少放一点盐,可以吗?当然,您那么辛苦,已经很不容易了,真的非常感谢。"

在妈妈的这段话中,孩子又学到了什么呢?在沟通中,正面的肯定起到决定性作用,同样是表述一件事情,是正面肯定还是反面否认,得到的结果绝对会不一样,由此对孩子造成的影响也不一样。

在交流时，要始终把对方放在平等或高于自己的位置上。你希望别人用什么方式来对待你，那就请你用什么方式去对待别人。你是怎么对待自己父母的，你的孩子就会怎么对待你。

1.1.2 教育不是立竿见影

我的儿子在两岁时十分爱哭。那个时候，他的表述还不够清晰，我就对他说："如果你只是哭，妈妈并不知道你想表达什么，既然你想哭，那就多哭一会儿，等你哭好了，妈妈再来帮你解决问题，你可以跟妈妈交流。"

你一定会疑惑，我这样的教育方式有效果吗？事实上，在几年内并没有任何效果。

后来儿子上幼儿园了，有一天放学回家，正好遇见奶奶在家找遥控器。奶奶楼上楼下地跑，就是找不到，她急得直抱怨。这时，儿子对奶奶说："奶奶，喊叫是无法把遥控器叫出来的，你应该想办法。我们可以一起想办法，一起找遥控器。"

听到儿子的这番话，我瞬间明白了，两岁时的那场沟通其实是有意义的，只是见效的时间延迟了三年。教育就是这样，不是即刻有效果，而需要静待花开。

1.1.3 学会与人正面沟通

我们都有责任为家庭建立起一个正面沟通的氛围。遇到问题时，先说出"积极""勇敢""果断"等赞美之词，让对方接受之后，再去讲真正想表达的意思，即让对方在情绪上先接受，然后才陈述事实。

我所说的是陈述事实，而不是发现事实。有些朋友喜欢说："我先说一声，我这个人说话很直的！"这位朋友的意思其实是想告诉对方，"我的话可能会伤到你"。可是你为什么要用伤到他的方式与之交流呢？

好好说话、正面沟通并不代表着撒谎或者歪曲事实，而是用正确的方式，让对方在愉悦的氛围中接受你的建议。

所以，不如从现在开始，对家人说一句温暖的话，用正面沟通的方法去表扬一下对方，再说出你的想法。

再来分享一下我儿子的案例。他去了加拿大留学，前一阵子我为他寄了几件衣服。某日凌晨两点多，他给我发消息说："妈妈，我还想要裤子和其他东西。"接着他又说："希望我没有打扰到你。"

看到这句话时，我的眼泪都快掉下来了。当时儿子已经14岁了，我很欣慰他在叛逆期时，还能如此委婉地和我说话。

或许有人会觉得，这样的客气证明了我们其实并不那么亲密，但我觉得，他们只是误会了亲密关系的真正含义。

孩子不是生来就喜欢放肆的，他们完全可以好好说话。孩子的行为很大程度上受父母的行为和思维影响，所以如果想改变孩子，就一定要先改变自己。首先从好好说话开始。

📍 1.1.4 甄别什么要说什么不说

每天早上出门时，家长会跟孩子说什么呢？

最常见的是："宝贝，乖乖听老师话啊""好好学习啊""回来记得早点做作业""爸爸妈妈出去努力工作赚钱，给宝宝买好吃的"，诸如此类。

天天都是同样的说辞，有没有想过为什么会这样说？其实，这些话都指向了一种情绪——控制欲。

为什么要让你的孩子乖乖听话？因为你希望孩子能得到老师的关注，你给了孩子一个心理暗示：只有乖乖听话，老师才会喜欢自己。

同样的，你对孩子说，爸爸妈妈出去努力工作是为了赚钱给你买好吃好喝的，从字面上看，你确实是去努力积极地工作，但实际上，你的这些话给孩子造成了无形的心理压力：因为我,爸爸妈妈才要出去那么辛苦地工作,因为要给我好吃好喝的,他们才会那么累,他们的累全都是因为我。

你还觉得这些话是积极乐观的吗?

我每次出门时,都会这样对我的女儿说:"宝贝,妈妈又要出去战胜困难了,外面虽然有很多的困难,但是妈妈没有问题,妈妈都可以战胜!然后呢,妈妈回来最想看到的就是你,因为妈妈最爱你了!妈妈最希望跟宝贝在一起。"

这样说,你会给孩子几个心理暗示:第一,生活中本来就是充满困难的,所以爸爸妈妈每天出去,都是在和困难做斗争。第二,爸爸妈妈竟然这么厉害,再大的困难也不怕,那么我长大了也要做一个可以战胜困难的人。有了这两个暗示,孩子会觉得生活中偶尔碰到的瓶颈和困难,都不是问题。

所以,父母每天在家里跟孩子说的话,并不是随口说说,而是需要逻辑,需要内涵,需要理论支撑的。这些话会在潜移默化中,输入到孩子的脑海里,和他们的思维混成一体。

有话好好说,这不仅关系到良好家风的树立,还关系到一个和睦家庭的养成,而这一切,一定都建立在"有话好好说"的氛围之上。

1.1.5 误区一：比较

我们经常会遇到这样的情况：孩子考完试，家长总爱问，谁家的孩子这次考了多少分，谁家的孩子这次排名第几。其实，孩子更希望听到的是家长对自己的评价和肯定，而不是用其他孩子的成绩来与自己做比较。

有人觉得，比较在生活中很普遍，人不可能只活在自己的世界里。是的，我们确实活在众多比较中，但这种比较却会给孩子带来很不好的影响。孩子会因此不知道自己的价值，他会错误地将自己的价值体现在和别人对比的基础上。他们不会对自己的进步或退步有所反应，反而更在乎别人的进步或退步。

经常受比较方式教育的孩子，总是活在别人的看法中，他们总被别人的行为影响自己的情绪，没办法做自己情绪的主人，甚至没办法做自己的主人，他们会认为自己遭遇的一切都是别人造成的。这类人很容易走错路，甚至遇到一点点问题就容易走上极端。

所以，当家长评价别人家的孩子时，记得一定要告诉自己的孩子：你也很优秀，只是其他孩子的优点，你可以进一步学习。不要让孩子活在比较的阴影下，多肯定他们，鼓励他们积极学习进步。

📍 1.1.6 误区二：不平等的沟通

沟通是亲子关系的关键，但很多时候，家长与孩子之间的沟通，是建立在不对等、不公平的前提下。

例如当父亲与孩子争论时，很有可能会冒出这么一句："我是你爸爸。"在这句话脱口而出时，你们的沟通已经不对等了。父亲其实是在用权威压制孩子，告诉他，不管我说什么你都得听。即使孩子听从了父亲的话，说服他的也不是道理，而是"我是你爸爸"的事实。

沟通应该建立在平等的基础上。家长可以说出家长的想法，孩子也有权利表达自己的意见，而不是因为你是孩子，就丧失了表达意愿的权利。如果习惯性地用权威去压迫孩子，亲子关系就会发生微妙转变，孩子会说，大人只想让小孩听话，大人都是骗人的。在孩子心中，他们不是完全服气的，如此的沟通是完全无效的。

怎样才能做到平等地沟通呢？家长可以问孩子做某件事时是怎么想的，因为孩子一定有自己的原因。我们往往用成年人的思维去评判孩子行为的对错，但事实上，这样的判断本身就是错误的,所以不如先听听孩子的想法,然后再针对原因进行分析。这时的沟通才是有效和平等的。

在沟通过程中,我们往往只站在自己的角度,无限放大自己的付出,却没有顾及其他人的感受和处境。这样的沟通容易引起很多矛盾,导致家庭不和谐。

所以,家长应该在家中创造一个平等沟通的环境。我不是你的爸爸,我只是一个很想了解你想法的人;我也不是你的妈妈,我只是一个想关心你行为背后原因的人。只有放平心态,放低姿态,才能收获效果。

📍 1.1.7 误区三:不流畅的爱

有时候,我们总喜欢说反话。妻子说:"你怎么现在才回来?我和孩子等了你很久了,你还要不要这个家?"丈夫说:"你难道不知道我在外面很辛苦很忙吗?回到家还得听你这样抱怨,你说这话有意思吗?"

事实上,妻子想表达的意思是:"孩子和我都希望你能早点回来,我们怕你在外面饿着,怕你不舒服。饭菜热了好几遍了,孩子等不住才睡觉去了,你回来了就赶快吃饭吧。"丈夫其实想说的是:"我也想一天到晚陪着你们,可是我要赚钱才能让我们的孩子读好的学校,让你买好的东西。只有努力工作,我们的家才会越来越好。"如果夫妻间是这样沟通的,那么在这个家庭中成长的孩子才容易有安全感,家庭才会和谐美满。

同样是表达爱,用愤怒和讽刺的方式,还是用缓和的沟通方式,会让孩子有完全不同的感受。孩子长大成人后,他也会用原生家庭中表达爱的方式,去对待自己的家庭成员,原生家庭中爱的表达是否流畅,决定着孩子将来的沟通方式。

孩子出门上学时,家长抱一抱他,或者亲吻一下他的脸颊、额头,对他说:"我们虽然暂时分开了,但晚上我们又能在一起了。大家一起努力哦,宝宝好好读书,爸爸妈妈努力赚钱,我们可以在一起吃晚饭、一起玩、一起去看电影、一起去散步。"

孩子不太会穿鞋,时间又有些赶,我们可以这样对他说:"宝宝你觉得穿鞋很困难对吗?我看你穿了很久都没有穿进去。对,穿鞋确实不容易,可是遇到问题时,去思考如何解决才是最重要的。妈妈不想催你,但是妈妈上班有点急,所以你能快一点吗?"这时,爸爸可以说:"我来帮你这一次,可是下一次宝宝自己来,好吗?"于是,孩子就会懂得,我们要自己努力去克服各种困难。

当爱不流畅的时候,沟通就不会产生正能量,情绪也无法得到很好的疏导。不要堵住自己的爱,让爱流动起来吧!

惩罚与疏导

扫一扫,听音频

📍 1.2.1 打骂之前先想一想

打骂,只是管教孩子的一种方式。孩子犯错在所难免,想要打骂孩子时,家长要先冷静地思考一下,这次打他,到底是要教育他,还是自己气不过,要通过打骂的方式来发泄情绪?往往后者占了大多数。

对待打骂孩子的行为,家长的态度通常分为两种:第一种家长小时候曾被父母打过,很害怕、很痛苦,所以深深厌恶这种行为,他们不想让自己的孩子也遭受这种痛苦,所以无论孩子犯了什么错，都会不打；第二种家长则认为，孩子不打是长不大的，不打是不会有规矩的。

不少家长陷入了这样一个误区：跟孩子沟通后，孩子就一定要听话，一定能理解自己的意思。如果孩子没有按照家长的要求立刻去做，家长就会把内心的愤怒、恐惧、焦虑等负面情绪通过武力的形式发泄到孩子身上。这样做会让孩子产生极大的逆反心理，并对家庭产生恐惧感。

📍 1.2.2 立规矩也有讲究

通过打骂的方式来严格要求和约束28个月以下的孩子，这是非常不科学的行为。

28个月以下的孩子正处于人生的第一个叛逆期，这个阶段的孩子并不具备听指令、听命令、遵守规则的能力。哪怕知道错，他还是会去做，因为他不具备完善的自控力和自我意识。所以，不要急于给28个月以下的孩子做规矩、立规则，打骂只会让他们因为害怕而被迫遵守命令。

28个月到3岁的孩子已逐渐有了规则意识，他们慢慢开始懂得遵守指令，这一阶段正是给孩子建立规则和规矩的黄金时段。

当孩子超过10岁，进入青春期后，千万不要打骂孩子，不当的教育方法很容易导致孩子叛逆，甚至离家出走。打骂不仅不能解决问题，反而会破坏亲子关系。

立规矩很重要，要让孩子知道做错了事会受到惩罚，如果孩子执意不听，那就要执行惩罚。不要用手直接打孩子，一定要用戒尺之类的教具。这样做的原因，是想告诉孩子："我们是爱你的，但你犯了错需要受到约束。惩罚你的是戒尺，我们只是代替戒尺来执行而已。"

打完孩子后，一定要跟孩子讲解惩罚的原因，通过惩罚帮助他们成长，这样才有教育意义。

千万不要让孩子认为父母是可以随意打我的，一旦产生这种错误的想法，将来他们就可能会因惧怕权威而变得怯懦。

📍 1.2.3 错误的惩罚方式

错误的惩罚方式，往往会导致两种后果：

第一种，孩子被家长打服帖了。这个后果很可怕，因为被打服的孩子将来会非常惧怕武力，一旦遭受暴力，不敢有丝毫反抗。

第二种，孩子无论如何都打不服。在这种孩子身上施加的暴力，很可能被他反弹到别人身上，他会变成一个隐形的施暴者。

有些夫妻之间也会存在暴力行为，如果被孩子看到了，将会导致很糟糕的结果。父母是孩子的天和地，家庭和谐了，孩子才会觉得温暖，才会有安全感。看到父母打架，孩子会觉得天要塌下来了，心里极度没有安全感。

惩罚孩子的方式有很多种，打骂是最不理性的行为。让孩子一个月不能看自己喜欢的动画片、不能去喜欢的游乐场等，这些都可以作为惩罚的方式，而打骂是不得已而为之的最后一步。

因为欠缺正确教育孩子的方式、方法，家长才会将打骂看成唯一的惩罚方式。所以，多学习一些育儿的方式和技巧，不要只用武力来约束孩子。

迫不得已打了孩子，一定要给他做心理疏导。首先，问孩子知不知道为什么今天会被打；其次，要让孩子明白父母这么做的原因；再次，让孩子说出下次再遇到这种情况时应该怎么解决。让孩子知道，行为和后果是相关联的。打骂孩子不是目的，教育孩子才是目的。

被打了之后，孩子的心里肯定很难受。家长可以在物质上给予一定安慰，让孩子知道父母还是爱他的。但正是因为爱,才要约束和规范,孩子应该知道什么可做,什么不可做。

📍 1.2.4 沟通之前,先"疏"为宜

所谓"疏导",就是先疏通,再引导。一些家长弄错了顺序,往往还没了解清楚事情的始末和孩子的心理,也不去切身体会,就直接进行教育,根本没有"疏",直接进入"导"的程序。

"堵"是很多家庭的传统教育方式。孩子很小时,因为怕他们受伤、沾染细菌、养成不好的卫生习惯,家长经常会发出禁止的命令,例如"不许碰、不许摸、不要爬、不要跑、不要大声说话"等。这些表示禁止的词语出现在孩子的早期教育里,和心理疏导表面上看没有关系,但当孩子到了能够讲道理、辨是非的年纪后,他就会对家长的"教条主义"产生抵触。正是因为孩子在无条件吸收的时期,被灌输了太多禁止的命令,导致家长在他们心中形成了"管教、约束,不允许自己随性做事"的形象。这些先入为主的思想让他们产生了"爸妈不懂我,不了解我,只会以长辈的身份压迫我,我们之间有代沟"的想法。由此,亲子之间丧失了信任感,即使家长讲得很有道理,孩子也不一定听得进去。

如果家长已经这么做了,不妨趁现在改变一下沟通方式,

拿出诚意来告诉孩子：我们以前那样管你是不对，现在开始，我们想做懂你的父母，和你共同学习进步。

在沟通和交流的过程中，对等是非常重要的概念。如果家长高高在上，用长辈的身份压迫孩子，孩子即时的反应就是抵触和躲避。此刻最好的做法就是放下身架，平等地与孩子说话，打破亲子之间的沟通障碍。比如："我是想来帮助你，并不是想约束你，希望我们能够好好沟通，找出共同解决问题的方法。我是不是家长不重要，一起把问题解决好才重要。"

当父母与孩子沟通时释放出善意、诚意和尊重，孩子就不会那么抵触，双方的心态放平了，这样的沟通才有效，才能达到最好的教育目的。

📍 1.2.5 "导"要讲究方式方法

调整好了心态，端正了态度，改变了自己在孩子心目中的印象后，就可以开始进行"导"了。

"导"的过程也要讲究方式方法。不要急着下结论，比如看到孩子不好好写作业或者偷懒睡觉，不要马上说："你为什么这么不努力？你为什么这么懒？"避免在沟通和教育的过程中使用反问句，这样会让孩子反感，他们会出于保护自己的目的抵赖或顶嘴。

我们不妨忍住脾气,先询问孩子:你是不是不舒服?是不是觉得长期在家里待着很无聊?是不是觉得这种学习方法让你感到很无助?如果有什么不高兴的事情,不如跟爸爸妈妈说说,我们一起来想办法解决。

孩子最怕的就是父母的不理解和冤枉。家长不要否定、讽刺孩子,而是要像朋友一样去关心他们,站在孩子的角度考虑,发现问题时不要直接批评,而是要帮他们一起面对问题、解析问题,最后才能解决问题。

建议父母可以说一些让孩子放心的肯定句,比如:如果我是你,这么长的时间待在家里确实会很无聊;宝贝,你这么长的时间不能去上学,天天上网课,也没有同学和朋友可以交流玩耍,换作是我也会觉得很不舒服……自己将孩子的感受说出来,让他们觉得原来爸爸妈妈是了解我的,无形之中拉近了彼此的距离。想方设法和孩子站在一队,这样就会听到很多真心话。

有时候父母会不自觉地将焦虑投射到孩子身上,导致孩子的不良行为被无限放大。例如:孩子偷偷玩游戏被发现了,家长会指责他们说,一天到晚只知道玩游戏;孩子一旦顶嘴,家长就觉得孩子越来越不听话了。这种焦虑会让"导"完全失控。所以家长一定要提醒自己，不要对孩子特别苛刻。困境是面对自己、正视自己的好机会，时刻提醒自己不要把结果想得太悲观，孩子没有变坏也没有那么差。

1.2.6 放下威严，打破僵局

了解孩子的真实想法后，接下来就要根据他们陈述的理由，帮助他们解决问题。孩子还小，有些问题超出他们的能力范围，例如校园霸凌、遭到排挤等，此时，父母应该帮忙想办法。实在无法解决时，可以考虑转校，让孩子在新环境里重新开始，不让过去的事情影响自己。但千万不要把转校当成解决校园问题的唯一办法，如果只要孩子不喜欢就转校，那么无论在哪里，他们都无法学会真正融入集体，相同的问题在下一个环境中仍然无法解决。

一旦孩子选择跟父母冷战，很多父母便开始打骂，夫妻之间也会为了孩子的事情争吵，进而闹得鸡犬不宁。此时，我们一定要冷静甚至冷处理。可以这么考虑：孩子暂时不去学校没关系，只要不是长期行为就好。找到根源，解决问题才是当下最重要的。

给大家几点建议：冷战开始后，父母不要继续追问，可以采取"曲线救国"的方法，委托孩子的朋友或亲戚侧面谈心，让孩子有一个适合的台阶下。必要的时候，父母还得先给孩子道歉，以此感化内心很敏感的孩子。父母可以这么说："是不是我说了或做了什么让你不舒服了？不管发生什么，哪怕你真的不想去上学，我们都能接受，只不过我们想知道是哪里出了问题，我们一起去面对和解决好吗？"将父母的威严暂时摆在一边，先和孩子做知心朋友，转变他们的态度，这样才能打破僵局。

1.2.7 包容理解，倾听信任

如果孩子已经出现异样，比如对父母的话感到厌恶，看见父母转头就走等，那么再用长辈的身份去逼迫他们，孩子就容易采取极端行动。遇到这种情况，建议找专业人士进行心理干预，或者借助朋友、亲戚与孩子沟通。

有些父母并没有因此予以重视，他们以为过一段时间，孩子的情绪自然就平复了。但这个时间大概是多久呢？一天？一周？一个月？事实上，孩子的叛逆心理可能持续三个月甚至半年，而且个性越强的孩子，越会钻牛角尖。

有些孩子已经十四五岁了，父母还像对待四五岁的孩子那样去管教他们，其间还经常说一些侮辱性的言语，例如："我怎么就生了你这么个东西？从小就不听话，越长大越叛逆，我现在不管，你以后还得了？"这类话其实很伤人。有时候，我们说的话对孩子造成了伤害，但自己却没有意识到，孩子也是有尊严、要面子的，这样的行为实在不可取。

对待孩子多一些包容、理解，倾听他们，信任他们，不要抱怨、质疑甚至侮辱。希望父母和老师多沟通，和学校加强联系，让孩子在学校里开心学习，回家快乐生活。家是温暖的地方，因爱生智慧，方能经营家。

1.2.8 爱比控制更重要

很多人认为，父母就该管着孩子、控制孩子，错误地将爱和控制混淆在了一起，用爱的名义去控制孩子。比如，孩子读什么大学、以后要留在哪个城市、要找什么样的对象，甚至孩子有了下一代该起个什么样的名字，都要做主，都要在自己的控制之下。

很显然，这样的父母混淆了爱和控制的界线，现在很多男青年成为"妈宝"，很多女青年不情愿地成了"大龄剩女"，很大程度上还是因为父母施加的影响。

如果父母能意识到自己只是一个新生命的创造者和陪伴者,而真正的父母之爱实际上是以放手为目的时,我们可能就不会将那么多自己的期望强加在孩子身上了。孩子有了独立的人格,有了自由的空间,他们会更成熟,也会更自信。

生孩子不是为了把孩子占为己有,而是希望孩子是一个独立的、有自己灵魂的新生命,可以在将来融入社会,过自己想过的日子,父母在背后默默支持就足够了。当懂得了放手才是真正的父母之爱时,可能你的孩子反而更有能力来回馈于你。

当我们理解了做父母的真正含义,也明白了子女终将会进入社会并远离我们的时候,我们可能就会在前期给予孩子更多的能量和爱,给孩子更多的建议和祝福。这个时候父母的格局就会像巨人的肩膀一样,让孩子稳稳地站在上面,孩子的眼界、格局也就随之提高了。

情绪管理

扫一扫,听音频

📍 1.3.1 如何管理情绪

情绪可以被管理吗?它受控制吗?有什么方法能让自己不发脾气呢?

其实情绪是无法完全受控制或者消亡的。我们都不是机器人,不可能没有情绪。但当坏情绪来临时,如果控制不了自己,我们就会变得非常不理智和焦虑,同时只在乎自己的感受。在这种状态下,我们并不知道自己正在被情绪控制。

如果在冷静的状态下看一个正在发脾气的人,我们会觉得,这个人已经完全失控了,大脑被坏情绪全部占领,没有任何理智可言,往往这个时候,他就会说出非常难听的话,做出过激的行动。

情绪模式来自原生家庭,从出生起,我们就体验着各种情绪。比如爸爸在怒吼,妈妈在发火,他们吵架了,妈妈在哄我,爸爸在砸东西……这些都是我们的体验,而且是负面的。这些负能量会让年幼的孩子认为:"原来成年人是可以通过以上方式来发泄情绪的。我现在还小,可能爸爸妈妈能管束着我,但是等我长大成人后,也可以用这样的方式对待我的孩子或者家人。"

举一个很常见的例子:孩子非常想要一个飞机玩具,可是妈妈认为家里已经有很多玩具了,不愿意再买。妈妈表示,孩子每次外出都是这样,要买什么就不达目的不罢休。孩子坚持要买,妈妈坚持拒绝,于是孩子开始坐在地上蹬腿哭闹。妈妈说:"你越是这样,我越不会给你买。"然后,她便走开了。

接着就是我们经常会在街上看到的一幕:路过的人指指点点,有人说妈妈好狠心,孩子哭成这样也不管。还有人说,确实不能惯着孩子。此时,妈妈会非常难堪,因为孩子在地上耍赖,自己还要被别人议论。

面对这样的情况,我们到底该怎么做呢?有的妈妈选择妥协,有的妈妈选择了一走了之,而看到妈妈离开之后的孩子便会哭得更厉害。

其实,当孩子无理取闹、无法控制情绪时,妈妈的上述两种对待方式都是不正确的。孩子想要飞机,而他接受不了妈妈不买的事实,所以要发泄情绪。而孩子的真正目的并不仅仅只是要玩具这么简单,深入一点看,他首先是想让妈妈知道,买不到飞机自己会很难过,其次才是满足自己的物质需求。

因为忽略了孩子真正的目的,只是单纯纠结于要不要买飞机这件事情上,所以,矛盾才会越来越深。

试想一下,如果妈妈换个方式说:"宝贝,你很想要这个飞机是吗?"孩子肯定会回答:"是的。""家里已经有很多飞机了,可是你还是很想要这架飞机是不是?"孩子也会说:"是的。"妈妈接着问:"如果不买这个飞机,你应该会很难过吧?"孩子还是会说:"是的。"

有没有发现,当妈妈连问了三个问题,孩子都回答"是的"的时候,孩子的心理已经产生了变化。他会知道,妈妈是懂我的。当孩子与妈妈的诉求心理是处于同一水平线上时,彼此之间的沟通就会顺畅很多。这个简单的小技巧会让孩子不那么歇斯底里地对抗,他的情绪会稍微平和一点。

接下去该怎么做?如果妈妈选择妥协,那么下一次遇到同样的情况,孩子的情绪宣泄就会更严重。这时,妈妈应该冷静地告诉孩子:"我知道宝宝想要飞机,但是家里已经很多了,所以这一次妈妈不给你买了。你可以选择其他的玩具,或者下一次我约好时间,再买一个。"

选择法可以让孩子从纠结的情绪中暂时转移注意力,去思考其他的问题。抛开孩子的纠结点,去探讨与他关心的事物相关的具体、抽象或者实质性的问题,比如飞机的颜色、形状,拥有之后怎么玩等。用扩散性的思维让孩子发表自己的感想,或许彼此沟通之后,妈妈真的会改变主意,为孩子买回那架玩具飞机。

📍 1.3.2 表达情绪还是发泄情绪

在与孩子的对话过程中,非常重要的一点是选择让孩子表达情绪还是发泄情绪。我们的行为模式往往受原生家庭影响,想一下自己的父母通常是在表达情绪还是发泄情绪呢?如果父母选择了后者,那么孩子就很难学会正确表达情绪。

情绪本身没有那么可怕,可怕的是我们会以暴制暴,用一些不正常的方法去处理情绪。当孩子有情绪的时候我们一定要冷静,因为如果他的情绪影响到了我们,事情就没有任何进行下去的意义。放任负面情绪发展,会带来十分严重的后果。

我儿子很小的时候也非常爱玩具,他会想各种各样的办法让我买。有时,他会拿出一张宣传单对我说:"这上面的玩具很好玩,妈妈你看看,有没有你喜欢的?"

我当然知道他的目的是什么,所以我会对他说:"我没有那么喜欢宣传单上的玩具,也并不想要。"然后儿子会说:"哎呀,这个飞机很好看。我们家里有蓝色的飞机了,那我们是不是可以考虑买红色的?"

我问儿子:"红色的飞机和蓝色的飞机有什么区别呢?"他说:"区别可大了。颜色不一样,飞在天上的样子也不一样,红色更亮眼。"

我故意逗他说:"红色或蓝色我都不喜欢,女生是不喜欢飞机的。"儿子又说:"你看这上面也有女孩子喜欢的娃娃,你要不要看看那个娃娃旁边的黄色小坦克呢?"我告诉儿子,其实这些我都不喜欢。于是,儿子直截了当地来了一句:"妈妈,你那么有钱,你就帮我买一架吧。"

将这个故事分享给大家,是想说,孩子其实很聪明,他在跟你交流的过程中也会循循善诱。可是如果在沟通的过程中,父母一直用强硬的态度与他对抗,那么当他的目的得不到满足时,他一定会用负面情绪来反抗。

1.3.3 做情绪的主人

人们在发泄情绪的时候,任何的争执都是没有意义的。争吵过程中,双方各自说着负面、反向的话,而对方没有接收到你的真实信息,也没有对你的信息做出判断,只是单纯地无理取闹、互相攻击,这样的争吵是十分伤人的。

在父母的争吵中,孩子学会了什么?他们会觉得成人都是这样的,那我更可以这样了。买不到玩具的时候可以发泄情绪,不好好吃饭可以砸碗,作业没做可以把本子撕掉。父母的情绪对孩子的影响是非常大的。

有情绪并不是坏事,并不是应该完全被扼杀或压制。情绪是人的自然反应,但我们必须要掌握管理方式,让自己好好表达情绪。

当我们生气的时候,如果旁边正好有台摄影机,把当时的样子拍下来,等我们冷静下来再去回看时,可能会觉得好笑,但更多的时候,会觉得很可怕。因为你在发泄情绪时的面部表情、行为、动作都很狰狞,你是不会喜欢这样的自己的。

被坏情绪缠身的时候,可以深呼吸、走动一下、数数字或者数颜色等,用其他思维引开焦虑或者暴躁,让自己不要钻牛角尖。我们也可以多问自己几个问题:我为什么生气?生气后他会理解我吗？如果他不理解我应该怎么办？

这样的方法无法保证一定能把一个非常情绪化的人改变为非常理智的人，但你可以从孩子身上看到自己的影子。当孩子暴躁、愤怒、情绪化的时候，你一定做了一些不好的示范。此刻你应该反思：是不是我自己做得不够好？于是，孩子的情绪在你眼里就没有那么可怕了。

讲话、沟通、表达，其实就是教育。压抑孩子的情绪，例如对他说"不许哭""你给我憋回去，不许发泄出来"等，这些都是不正确的，可能给他们造成很大的心灵伤害。父母应该允许孩子哭，但是要告诉孩子怎么积极努力地表达自己。你可以试着告诉孩子："你可以告诉妈妈你现在很难过，你要是想哭，你就哭出来，等你哭好了我们再沟通。"

当孩子犯错误时，家长一定要先解决孩子的情绪，再解决孩子的问题。等孩子的情绪平复了，他才能听得懂你解决问题的方法，否则任何的沟通和指令，他都不接受。

也许有些家长会说，道理我都懂，但就是做不到。所以，情绪管理不是一个人的事情，而是整个家庭的事情。家庭是一所学校，夫妻之间应该互相提醒，当孩子有情绪的时候学会舒缓他的情绪，最后齐心协力解决问题。

1.3.4 避免过度焦虑

当孩子摔倒,就开始担心他骨头是不是摔裂了;当孩子两岁了还不讲话,就开始担心他是不是哑巴;当孩子在学校里被老师批评了,就开始担心他在学校里会不会一个朋友都没有,会不会被人欺负。

这些都是过度的焦虑。如果适度的焦虑是生活的催化剂,那么,过度的焦虑就是生活的粉碎机。在过度焦虑的情绪中,一个很小的问题往往会被不断扩大延展,不限边界的联想凑在一起,最后"自己吓自己"。

有时候,被吓到的不仅是自己。临近重要的考试了,很多家长有相同的焦虑——怕孩子考不好。有的家长会直接对孩子说出来:你要好好考啊,千万不要失误啊,要抓住机会啊。有的家长什么都不说,他们的焦虑是通过眼神、行为、气氛,一点一点传递给孩子,其破坏力往往比唠唠叨叨说出来的家长更可怕!唠叨在明处,这种用意念传递焦虑的家长在暗处,这些有形无形的焦虑都在深深地影响着孩子。

考完试还有更多的焦虑,比如担心接下来选不到好的学校,担心没有选好专业,担心毕业后找不到理想的工作,担心工作后错失好的晋升渠道和前途。这种情绪是会传递的,你影响了你自己,也影响了你的孩子,你们最后会一直觉得:这辈子完蛋了!

现在已经不是"一考定终身"的年代了,一次考好了不代表以后一切都好,一次考砸了也不会就此毁了一辈子。有不少考上重点学校的孩子,进入社会后过得不尽如人意;也有很多孩子虽然没有考上很好的学校,但通过自己的努力创造了自己的事业。人生的路不是只有一条。

育儿焦虑来自哪里?我觉得,就源自未来的不可预见性对家长产生的心理暗示。家长出于对孩子的关心,把一些问题无限放大。但请记住,这只是想象,而不是真实的,只是家长对未来不可控的一种焦虑,而不是家长通过时光穿梭机看到了孩子的未来。

信任感和自尊心

扫一扫,听音频

📍 1.4.1 我们的安全感去了哪里

最初的安全感来自原生家庭,来自父母对孩子的照顾和爱。长大之后,我们为什么会没有安全感?而父母的哪些言行举止,会让孩子逐步丧失安全感?

中国的父母经常会在孩子面前争吵、互相诋毁,我们都不太懂得要在孩子面前避讳。当父母吵架时,孩子会说:"爸爸妈妈,你们不要吵了,我会很乖的,我会听话的。"说出这些话时,孩子已经极度没有安全感了。

为什么没有安全感的孩子会把父母吵架的原因归咎于自己呢？因为对还没有自理能力、经济尚未独立、人格也没有健全的孩子来说，父母就是他们的全部。只有和父母在一起，孩子才能有安全感。

父母争吵时，孩子会觉得获取安全感的唯一源头被破坏了。当安全感完全消失时，他们会反思，是不是自己的不乖和吵闹才导致了父母之间的矛盾，所以孩子宁愿承认自己有错，以此去换取父母间的和谐。

不少大人会逗孩子，一定要问出孩子的心里是爸爸好还是妈妈好，有的孩子会回答"爸爸妈妈都好"，有的则选择不回答。其实让孩子在父母中间做选择，是非常不正确的行为，这种玩笑会造成孩子的安全感缺失。

孩子间的比较，也会让孩子没有安全感。以我自己为例，我是家族里的大姐姐，学习成绩还不错。我的表妹就有点"倒霉"，家庭聚会时，长辈们就会拿她来和我比较，每次都是表扬我，要她向我学习。虽然表面上看是在激励她进步，实际上却给她带来了非常大的压力。每个孩子都有独特的个性，每个人都有长处和短处，一定要尊重孩子的独特性，做比较毫无意义。

比较有时候是很伤人的。或许经常有人会对我们说："你看隔壁的某某这次考得非常好哦,而你考得这么糟糕。""某某已经结婚了,孩子都两岁了,你看你还没谈恋爱呢。"而每当家长这么数落孩子的时候,孩子都会觉得自己比别人差一截。

在比较的环境下成长的孩子并不会在乎自己的进步或退步,反而更关注别人的好或不好,从小就被父母灌输错误的比较观念,会造成成年之后的极度焦虑和安全感缺失。

1.4.2 给孩子正能量的鼓励

谦虚是中国的传统美德。但在家庭教育中,父母往往会为了让孩子养成谦虚的品质,而去打压他们的积极性。例如,孩子对爸爸妈妈说:"我今天做了一件很了不起的事情,老师同学都表扬了我,我今天很棒。"这时,父母可能会说:"做人要低调,不要这么嚣张。即使做得好也没什么,下次还要继续努力。"

谦虚不是虚伪地装作低调,而是在认识到自己优势的同时,不张扬,不过分夸耀。这个时候,孩子的安全感是建立在"我确实很优秀,但我还可以更优秀,父母肯定了我做的事情"的基础上。

当孩子炫耀自己得了荣誉或做了了不起的事情时,父母应该首先肯定他的优秀,对他们说:"宝贝,你真棒!爸爸妈妈为你骄傲。可是爸爸妈妈觉得你下次是不是还能做得更好?爸爸妈妈期待你表现得更优秀,我相信我们的宝贝做得到!"

请注意,在和孩子讲话的时候,说"相信"很重要。"我相信,宝贝你可以自己吃饭""我相信你做得到""爸爸妈妈相信你将来会更优秀"等等。这种正能量的鼓励、肯定,在某种程度上可以帮助孩子增加安全感。

1.4.3 信任是彼此的纽带

说话不算数,这是很多人会犯的错误。比如向孩子承诺,考试考到 100 分,就会带他出去玩。结果,考了 100 分的孩子因为那天下雨了没去成,于是,父母就对孩子说:"是因为下雨,所以我们才不去的。"

这话听起来很有道理,但在一桩桩承诺无法兑现的过程中,孩子便丧失了对家长的信任,安全感也随之削减。

孩子没有安全感后,会做出以下事情:特别极端地要求你做到答应过的事情、对你承诺过但没做到的事情非常反感甚至会发脾气。如果此刻去制止或打骂责备孩子,那后果就会一发不可收拾,一旦孩子与父母之间的信任关系被破坏,会致使他对所有的人都产生不信任。

有这样观念的孩子会觉得，大人都是骗孩子的，都是说话不算数的，之后，他们会认为自己也可以说话不算数。当孩子对同学也不履行承诺时，同学就不愿意跟他做朋友，于是，恶性循环便产生了。挫败感和自卑感，会使得他极度没有安全感。

孩子放学回家，家长突然发现他的口袋里多了几样别的玩意。在大多数家长看来，孩子一定染上了小偷小摸的毛病，这一定要管，不然孩子就废了。紧接着可能就是一顿打骂。

其实，孩子最开始拿其他小朋友的东西，其实是想引起其他人的注意，吸引对方来找自己交朋友。但是孩子不知道该用什么办法，因此才有了这种极端行为。此刻，孩子的内心已经非常脆弱了，安全感几乎消失殆尽。

如果我们直接打骂他，往往会导致很大的负面效果，甚至会使孩子真的去偷去抢。我们一定要问孩子，拿别人东西的原因是什么，当知道孩子行为背后的深层次原因后，父母就该反思造成这种行为的原因，从而改变家庭教育的方式。

我读大学时有个同学有偷窃行为。这个同学在小时候但凡做错一点事就会被父母大打一顿，而在家里，他根本不敢讲话。带着这份怨恨，他在学校通过偷窃的方式来获取所谓的安全感。在偷窃的过程中，他会感到非常刺激，这份刺激感会让他觉得自己有存在感。其实这个同学家里并不缺钱，但偷钱的过程能不停地满足他在家里得不到的心理安慰。这个同学还有一个特殊癖好，就是一紧张就会啃手，啃到皮肤都变红了还无法停止。

如果大家身边有这样的人，请不要去过度刺激他们，因为他们的内心是非常焦虑和不安的，请怀着宽慰、理解的心态去包容他们。

📍 1.4.4 相信相信的力量

当一个非常有安全感的孩子长大成人后，在遇到问题时，他不会因为别人的讽刺、挖苦、打击而丧失斗志，因为他们的安全感是建立在自己身上的。他们相信自己，他们会对自己说："我很好，我非常优秀，遇到事情我都可以解决，我是有能力的。爸爸妈妈是爱我的，他们永远都会支持我。"

所以，要培养有安全感的孩子，请时时肯定他们。肯定不是胡乱地赞美，不是去夸大和奉承，肯定是建立在孩子在某些事情的确做得不错的基础上，且还有继续进步的空间。

当孩子遇到问题时，父母可以给他建议，但是一定不要替他选择。当家长帮孩子做了选择后，孩子就会对自己的判断力失去信心，安全感也会减少，最后养成依赖的习惯。而如果孩子没有安全感，长大后他们便较难组建婚姻家庭，因为他不知道自己是否有能力维护好这个家。

与安全感相关联的词是信任。你信任你的孩子吗？你相信他做得到吗？你相信自己能把孩子教好吗？你相信孩子长大以后有独特的人格和幸福的生活吗？只有相信自己，你才能真正做得到，才能把这一理念传播给孩子，孩子才会有安全感。

所以，一定要在家多说信任、肯定、积极、鼓励的话。拥抱孩子，亲吻孩子，让孩子真正长大，不再依靠别人。相信自己做得到，相信相信的力量。

📍 1.4.5 祝福比担心更有帮助

试着换一种思路，来表达对孩子的关心。

在事业的发展期，妈妈打电话给我，表达了她的担心。她说："我很担心你啊，你一个人又要上课，又要做讲座，还要做那么多的托班，你做得过来吗？你精力达得到吗？万一亏钱了怎么办？店做不好怎么办？"

妈妈说，这是一个母亲对女儿的关心，而我觉得，这其实就是担心。我对妈妈说:"妈妈,我不希望你担心我。"妈妈说:"我是你妈妈,我怎么可能不担心你呢?"

妈妈的这句话非常真实。妈妈们总会这样认为,对孩子最好的关心,就是为他担心,帮他把未来那些未知的事情都考虑到,还要想好答案,这样孩子就能少走弯路,少些烦恼。殊不知,弯路更弯,烦恼更烦。

我对妈妈说:"妈妈,你对我的担心一点都帮不了我,反而会让我产生压力以及焦虑,最后你的那些担心可能真的会成为现实。我不需要你的担心,我只需要你的祝福。"

过度焦虑的情绪会影响到你的孩子,祝福的意念同样会传递给你的孩子。肯定和鼓励,都是正能量的,孩子就会得到很多的正能量:"我相信你一定考得好""我相信你努力了""妈妈觉得你一定能临场发挥好""妈妈相信在未来的路上你一定会走得非常好",这些都是最强的意念祝福。

孩子得到的祝福、肯定和鼓励越多,就越会觉得:"对啊,我就是理所当然的棒,肯定可以考得好,就算这次没有考好,未来的路也一定会走得很顺,这只是一个小挫折罢了。"

祝福比担心更能激励人。

1.4.6 焦虑需要引导转化

要相信孩子，要给孩子试错的机会，孩子的未来有很多种可能性，发生什么并不重要，重要的是你教孩子用什么态度去面对将来的事情。

当焦虑产生的时候，我们首先要面对它，正视它，解析它，最后转化它。讳疾忌医，是大忌，我们不承认自己的焦虑，用掩耳盗铃的方式，去回避焦虑，这没有任何意义，反而会让焦虑越来越严重，越来越伤害到自己。

焦虑是一把双刃剑。我们要尽可能地利用焦虑"好"的一面，所谓"好"的一面，就是让我们及时发现问题出在哪里。比如，一个孩子对妈妈说："我觉得这次可能会考砸，因为班上前几名同学的摸底考试，都比我考得好。"你要予以重视，因为你的孩子正在否定自己，他把未来可能发生的事情，"平移"到了现在，焦虑正在产生，若放任自流，他的挫败感会越来越重。

如何转化他的焦虑？你可以帮孩子分析：你是不是觉得别人的摸底考试考得比你好，因此有了压力？你觉得其他同学是不是比你更努力？

也许孩子会回答："我不觉得呀，我觉得我也很努力啊，可能我就是比他们笨吧。"

这句话更加值得重视，因为孩子的态度是消极的。这时有的家长会激化焦虑："你怎么老说这么没出息的话呢？你怎么知道自己考不好呢？你怎么还没开始就让自己做个逃兵啊？"很多家长在孩子沮丧、难过、焦虑的时候，往往会口不择言地刺激他们，挫伤他们的自尊心。孩子个性强一点的，甚至就破罐子破摔了：既然你都这样说了，我干脆不学了，反正也考不好。

焦虑需要转化。我们要告诉孩子，一次考试的成败，根本代表不了什么。在这个世界上，其实有很多事情都比考试成绩重要，例如同学友情、身体健康或家人幸福等等，和这些事情相比，一次考试的成功或者失败，并没有那么重要。

这个转化可以在一定程度上减轻孩子的消极情绪，让孩子积极正面地去思考问题，这对他们养成健全的人生观、价值观、世界观，都有帮助。

1.4.7 育儿焦虑不是小事

焦虑并不是只有育儿的父母才有，孩子本身的成长焦虑可能比父母还要深刻。

哪种孩子的压力会比较大？父母的社会地位比较高的，他们的孩子往往压力比较大。这些孩子会有一种与生俱来的优越感：觉得自己不是一般人，要在团队里做表率，要在成绩上争第一，要永远都是受表扬最多的那一个。一旦事与愿违，心理极易崩溃，他们无法接受失败，也不能接受自己不如别人，更不能接受父母的面子受损。

孩子在价值观尚未养成的时候，往往是父母的影子。中国式教育的刺激、挖苦、讽刺、反问，也许会让一些孩子燃起斗志，但也可能对他的心理造成极大的伤害。一部分自尊心强的孩子被家长挖苦刺激后可能会做出一些很可怕的事情，可能会伤害自己甚至还会去伤害别人。我曾遇到过这样的案例，当孩子遇到困难时，家长非但没有和他一起分析转化，相反对他进行刺激挖苦，导致这个孩子后来在班上把别人的试卷偷走撕掉。

最受伤害的，还是这个被刺激的孩子。

请不要小看"育儿焦虑"这件事情。你育的是一个孩子，是一个生命，是一个有个性、有情感、有灵魂的人，当你用一厢情愿的方式去约束、管理、控制你的孩子，往往力不从心。而当达不到目的时，你必然会产生焦虑，当焦虑蔓延，最终会衍变成过度甚至变态的控制欲，必然催生出不正常的亲子关系。

1.4.8 懂得尊重

尊重是每个人都想得到,却又吝啬给别人的,人人都想受到尊重,可是你尊重别人了吗?什么是尊重呢?你知道尊重在家庭里有多重要吗?你尊重爱人和孩子吗?如果夫妻之间都不互相尊重,又怎么可能去尊重孩子呢?

也许有人觉得,都是一家人,天天在一起,有什么好计较的。其实,这样的计较是必须的。你为对方付出一次,就会在"家庭存折"里存入一分,对方再为你付出一次,又会存入一分;对方很生气地摔门走掉一次,你们的存折里就会减掉一分。每个家庭都有一本爱的存折,往其中存钱还是取钱,决定着家庭的"富有"程度。

尊重就是给对方一个流畅的表达爱的渠道,"家庭存折"内的分越多,最终受益者一定是孩子;反之,当存折透支之后,孩子将得不到任何财富。所以,与其给孩子物质,不如往"家庭存折"里存入足够多的流畅的爱、赞美、肯定、正能量和尊重,这样,孩子才能收获幸福。

家长无条件地满足孩子的各种物质需求,有的孩子会觉得理所当然,其实并不是这样的。父母把孩子带到人世间,给予他们最无私的爱,作为回馈,孩子首先要尊敬父母。

家长的行为，会对孩子造成直接影响。家长尊重自己的父母，为孩子树立了良好的榜样，这就是对孩子最大的尊重。孩子学会了如何正确对待长辈，他的内心会很安全，也会变得守规则，在与外人相处的过程中，他们也会掌握分寸。

如果与孩子出现分歧，不要用父母的身份去压制他们，而是问一问："宝贝你在想什么？"家庭成员人人平等，每个人都有表达自己意见的权利。我们尊重长者，听从长者的意见，但孩子也有权利说"不"，家长应当尊重他们。

📍 1.4.9 形成自我约束

为人父母者都希望自己的孩子好。那么问题来了，什么样的孩子叫作"好"？大多数父母会将孩子的学习成绩和未来的发展画上等号，由此便产生了许多矛盾。如今的社会形势日新月异，孩子的成绩好不代表前途就一定好，当然，如果成绩不好，孩子受到的阻碍和困难可能会更多一些。

只有孩子自觉且主观能动地去学习，成绩才会好，那么孩子是如何形成自我约束的呢？

孩子的自我约束或者说主观能动性的形成，分为婴幼儿时期、少儿时期、少年时期三个阶段。其实，一些家长着急的点不在于孩子的学习成绩不好,而是学习态度不好,态度不好会直接影响学习成绩。而主观能动性、自觉性和好的行为习惯并不是突然具备的,而是从孩子出生开始,在生长发育过程中慢慢积累学习而来的。

让孩子养成好的学习习惯,自觉主动地去学习,效果肯定比被迫学习或者拖拽学习更好。但是,千万不要因为孩子成绩没有那么好就焦虑地认为,孩子的未来毁了,能力才是决定社会地位的关键。家长们的心理需求一定要与时俱进,"成绩好"等同于"未来有出息",这样的想法是和时代脱节的。

孩子的生长发育有一定规律,不要因为孩子在某一个年龄段的缺点,就对他将来的表现全盘否定。责备孩子之前,请先自我反思是否用了科学的教育方法。

第二章
给孩子正能量的鼓励

　　抢、咬、打等行为在婴幼儿成长过程里是非常常见的。对孩子来说,玩具被抢走了,别的小朋友推搡我、说我,都是受挫的表现。

　　在孩子还不会说话时,可以把他们定义为小动物或小生物,因此吼叫、咬、打等一系列没有语言的行为,是他们的本能反应。等到孩子能用语言去表达、攻击、发泄时,才真正成为"人"。于是,在孩子的成长过程中,教会他们积极面对挫折,是非常重要的。

情商教育

扫一扫,听音频

📍 2.1.1 如何看待挫折

孩子的挫折很好定义,任何一件让他不高兴或者接受不了的事情,都可以叫作挫折。

如何去面对或者看待挫折呢?父母对挫折的态度、定义和处理方式很大程度上影响着孩子。有些孩子摔倒了,父母就会责怪撞到他们的门或者墙。其实,这些事物是客观存在的,孩子跌倒的原因是自己没有走稳或者走得太急、太快或者没看清楚。如果此刻当着孩子的面去指责门,那么就等于告诉孩子，所有的过错都在他人。

挫折是无处不在的。无论是成年人还是儿童，都会遇到或大或小或轻或重的挫折，遇到挫折后，如何面对要比挫折本身更重要。

孩子遇到挫折后的态度，和他对这件事情的想法都很重要。很多的父母在孩子遭遇挫折时，往往不问孩子的想法，而是直接替他做决定，这并不是解决问题的正确方法。正确的做法是，先了解孩子的感受，只有在孩子的感受和情绪得到正确疏导的前提下，才能有好的解决方法。

一起来看一个真实案例：弗莱德和皮皮各有一个球。弗莱德要抢皮皮的球玩，弗莱德的妈妈一直在旁边没说话。而皮皮妈妈对皮皮说："弗莱德这么想要你的球，你就给他玩玩吧。"皮皮不同意。皮皮妈妈继续说："你怎么这么小气呢？给人家玩一会儿又没什么。"皮皮说："我就是不要！"

这个时候弗莱德把球抢走了，皮皮彻底崩溃了，号啕大哭。皮皮妈妈说："你这个孩子怎么这样呢？不就是一个球吗，有什么了不起的呢？你们不是好朋友吗？"听妈妈这么一说，皮皮哭得更大声了，他把周边的玩具全部摔在地上。而皮皮妈妈也爆发了，她拉起孩子就往外走。

弗莱德的妈妈叫住了皮皮妈妈，她说："不如看孩子怎么解决这个问题,我们不要干涉好吗?"就在皮皮大声哭闹时,弗莱德走过去对他说:"我的确很想玩你的球,但是我也不想让你哭。求求你把球给我玩一会儿,我们俩做好朋友好不好?"皮皮立刻停止了哭泣,他站起来把球给了弗莱德,两个孩子开心地玩起来,好像什么事都没发生过一样。皮皮妈妈惊呆了。

我们来分析一下皮皮妈妈的心态。当别人的孩子找自己的孩子要球的时候,她其实想表现出自己是一个非常大度的妈妈,孩子也是非常大方的。可是皮皮妈妈并没有尊重皮皮的意愿,球是皮皮的,只有皮皮才能决定给或不给,妈妈无权做主。当皮皮强烈拒绝时,妈妈被激怒了,她想,我的孩子不可以这么小气,所以一定要义正词严地告诉他:东西要分享。而这个时候,皮皮妈妈并非在教育,而是违背皮皮的意愿强制皮皮服从,让他产生了极度的不安全感。

而弗莱德的妈妈并不强加干涉,她其实给了两个孩子自己解决矛盾的机会。两个孩子都没错,但两个妈妈的处理方式则完全不同。很多时候,我们很怕别人说自己教子无方,很怕别人说我们不管孩子,所以孩子们一出现矛盾,家长就会非常快速地参与其中,干涉并阻止孩子的行为。殊不知,这样的教育方式是非常不科学的。

很多家长无法接受自己的孩子吃亏,总是想保护孩子,可问题是，不吃小亏的孩子将来就会吃大亏。孩子需要从打闹、争斗、抢夺等矛盾中学习如何与人相处。

有一次我的女儿外出玩耍，看见别的小朋友往一处跑，她就跟着跑过去。女儿才14个月，她是硬挤过去的，一个大一些的孩子被挤到一边，他边哭边看着旁边的妈妈。孩子的妈妈说："你怎么这么没有用，她比你小那么多还能把你挤哭？"这时，孩子哭得更凶了。

虽然站在旁边的我一句话也没有说，但我很心疼那个被我女儿挤到的孩子。在孩子受挫的时候，无论是表现得怯懦、勇敢，还是不温不火，那都是自己的感受，作为家长不应该去否定。孩子害怕、哭闹不是什么丢脸的事情，只是单纯的反应。

那位妈妈应该怎么做呢？她或许该说："没有关系的，小妹妹是想和你一起玩。我们一起好好玩吧。"

2.1.2 如何面对挫折

孩子间的打闹很正常。有的孩子完全不能容忍，一定要还手，有的孩子一再容忍退让，别人怎么打骂都不反抗。为什么会有这两种极端表现呢？因为孩子不知道发生了什么，他们也不知道遇到挫折以后应该怎么办，因为他们将父母的态度和行为作为面对挫折的依据了。

事情的发生都是无法预料的，可是我们可以控制自己的反应。当孩子面临挫折时，不要急于去纠正或是急于告诉他们该怎么做，应该先教会他们怎么面对，也就是分析事情。

孩子被咬了，家长可以问："宝贝你疼吗？你觉得小朋友咬你对吗？小朋友咬了你，你最想干什么？你想去咬他，还是说你愿意原谅他呢？"要让孩子自己去分析，告诉他们事情的本质是多面的，你可以把被小朋友咬当作天大的事，也可以当作玩笑。发生了什么不重要，重要的是面对挫折的态度。

如果我的孩子遇到问题，我可能会先选择不管，因为我觉得孩子需要有一段学习和体验的时间，或许是5秒，或许是10秒，让他们自己选择用什么样的方式去解决问题。

孩子在小的时候就需要学会跟不同人格特质的人相处，这样他才会知道，原来人是各种各样的，有人会发脾气，有人会容忍，有人愿意分享。当孩子知道不同的人有不同的行为模式后，适应能力才会变强。

或许有些父母担心，自己能做到很理智，但发生矛盾时，对方的家长却做不到。那么，不如这样与对方家长说："我可以跟您商量一下吗？孩子现在处于需要体验矛盾、在矛盾中学习的阶段，如果他们发生矛盾时，我们可以给他们10秒钟，让他们自己解决问题,然后我们再进行干涉,帮助孩子成长,您看可以吗?"先征求对方的同意,大家再齐心协力一起想办法。

挫折教育对孩子来说,有着十分积极的意义。只有在挫折中,孩子才会知道如何变通自己去适应环境和他人,而不是所有的环境和人都必须围着自己转。独生子女容易产生"世界就是围绕我转"的错觉,可是到了集体环境中才发现并非如此,这时候他们往往不懂得如何与人相处。因此,一定要让孩子去多接触各种各样的人,不要只和一类人在一起,或者只和喜欢的人在一起,往往不喜欢的人和环境,才能让他们感受挫折,并在挫折中学会成长,变得坚强。

2.1.3 挫折和失败是瑰宝

产生育儿焦虑的并不是孩子本身,而是父母自己。作为父母,必然是知道自己把未来还没有发生的事情映射到了现在,而且武断地判断孩子的一次挫折将导致他终身的失败。你用你的焦虑影响着你的孩子,也在影响着你自己。

换一种思路,你的眼前会更开阔:如果你的孩子现在正经历失败、挫折和痛苦,那么对你而言,不正是一个绝好的机会吗?不经历风雨,怎么见彩虹?不遭遇真正的挫折,孩子的感受不会那么深。作为家长,要恰到好处地为孩子分析得失,教会孩子用良好的心态去面对。这将是照亮他一生的瑰宝。有了这些经验,在以后遇到更多的问题时,他就有了自己的应对方法,他会变得更自信,也更坚强,他会拿出勇气来面对,而不是一味地消极逃避,怨天尤人。

请大家不要再用挖苦讽刺的方式,一次又一次地伤害孩子的自尊,希望父母能多看到孩子积极、正面、能力强的一面,弱化孩子不好的一面,不要将一件事情看得太重,提升家长自己的格局、眼界,把我们的人生经历经验分析给孩子听,让他们看到人生的多元性,让孩子用积极的态度去面对挫折,用祝福去替代担心,散播正能量的意念。

2.1.4 情商教育的重要性

情商,即情绪商数,也就是我们平时所说的非智力因素,它包括自我认识、情绪管理、自我激励、了解他人和社会交往。在评价一个人情商高低时,一般有"自信心""爱心""独立性""竞争意识""乐观""诚实""交往合作""意志力""目标性"九项指标。

长期以来,家长把成功和智力因素的关系绝对化,使得孩子所接受的教育完全指向智力因素。然而，无数成功者的案例告诉我们，他们具有一些共同的非智力因素特征，如清醒的自我认识、稳定的情绪和不屈不挠的勇气等，这就是情商。

如果一个孩子从小性格孤僻，不愿意与人合作，自卑、脆弱，不能面对挫折，急躁、固执、自负、情绪不稳定，那么即使智商再高，也很难取得成功。反之，情商高的孩子有很好的自我认知能力，他们会积极探索，从探索中建立自信心，具备情绪控制能力、抗挫折能力，喜欢与人交往，愿意分享、合作，这些都为他们日后的成功做好了铺垫。

婴幼儿早期情商的发展与家长的教养方式有密切关联，家长的教养方式又与他们是否正确辨识孩子的自身气质有关联。只有正确建立亲子依恋关系，才能正确辨识孩子的气质。

孩子四五岁时，脑重达到成人的三分之二左右，其大脑的发育是一生中最快的，他们的学习能力，尤其是情感学习能力在这个时期得到最大发展。6岁以前的情感经验，对其一生具有恒久影响。如果此时孩子无法集中注意力，性格急躁、易怒，猜疑、悲观，具有破坏性，孤独、焦虑，有各种恐惧的幻想，那么今后面对人生各种挑战时，他们将较难把握机会、发挥潜力。

所以在幼儿阶段进行正规、系统的情商教育十分必要，这是奠定人生成功的基础。然而遗憾的是，许多家长及老师对此知之甚少,对孩子因情商太低而出现的问题或视而不见,或束手无策,或粗暴解决,不懂得以科学的眼光来识别,用科学的方法来教育和引导。

📍 2.1.5 情商教育的误区

溺爱、包办式的家庭教育目前非常普遍。家长一方面对孩子照顾得无微不至,同时又缺乏民主意识。家长细致敏感、胆战心惊,生怕孩子出事,这都是溺爱孩子的表现。孩子不小心摔了一跤,这本是平常小事,可是父母赶上去又是安慰,又是责怪地面,而且泪水涟涟。这样的做法会让孩子产生脆弱的生理反应和心理反应,从而导致情商低下。

家长对孩子专制的表现就更多了。如告诉孩子应该这样、应该那样,这个不许、那个不要,孩子的思想、活动就会受到严格限制。家中的"小皇帝"实质上是受父母禁锢的"小奴隶",孩子的性格也会因此扭曲。

鼓励少、打骂多也是情商教育的主要误区之一。要想提高孩子的情商,父母应对孩子多鼓励、少打骂,找机会放大孩子的闪光点,多肯定他们的优点和成绩。

另一大误区,便是重视智商教育,轻视情商教育。家长通常只想着孩子怎样才能变得聪明,怎样考高分,而不注重对孩子心智的培养。如果父母只重视对孩子进行文化灌输,而忽视培养孩子接受自己、被别人接受以及树立正确的人生观、价值观,那么他们不会感到快乐和幸福,相反,会渐渐变得冷漠、自私、焦虑、任性。

因此,父母应在重视孩子的生活条件是否优越、脑袋是不是很聪明、学业好不好的同时,对他们的责任感、合作意识、选择能力、承受能力、竞争、社交等因素和能力高度重视。只有同样重视孩子的智商和情商,才能让其全面发展。

很多家长不能充分估计孩子的情商,我们常听到的一句"小孩懂什么",就是轻视孩子情商的典型表现。

随着竞争意识和现代科技文化的发展,孩子的情感思维能力也在加速发展,父母应适时培养和开发孩子的情感思维能力。孩子其实很有想法,他们知道"爸爸抽烟、喝酒不对,对身体不好""妈妈的衣服不漂亮""人家小朋友的妈妈晚上看书,你只看电视"等,这种感受能力包含了某些反抗思想,恰好是高情商的表现,不应轻易抹杀,要加以引导。

2.1.6 情商教育的正确方法

情商教育的方法有很多，首先我们要帮助孩子辨识自己的情绪。比如孩子放学回来说："今天在学校有同学打我！"家长可以很有技巧地回答："你还好吗？有同学打你，所以你很委屈？"

这个回答不但能帮助孩子辨别自己的情绪状态，还有两大好处：第一，让孩子明白接下来要处理的是自己的情绪，而不是对方的。也就是说现在真正该做的事情，不是因自己感到委屈而找对方理论，而是应该意识到真正困扰自己的是情绪，那么随后该努力的就是如何调适情绪，做出合适反应。第二，孩子可以从中学会换位思考的能力。挨打后心里难受，但若是去打别人，别人也会有这样的感受。深刻的情绪体会，有助于提升孩子换位思考的能力。

在协助孩子辨识情绪之后，家长接下来可以再问："你要不要告诉我发生了什么事？"这是很好的亲子沟通方式，当父母学会发问及倾听时，孩子就会愿意开口说话。培养良好的亲子沟通习惯，会让彼此的沟通畅行无阻。

帮助孩子树立自信十分重要。自信是情商能力的基石，自信的孩子在面对别人的恶意攻击时能沉稳应对，并拥有良好的抗挫及抗压能力，在处理人际关系时也会得心应手。

父母对孩子的评价，会直接影响到孩子自信心的建立。若平时只是批评而极少给予表扬，父母就会不知不觉地在孩子心目中树立不佳的形象。

建议父母坐下来，写下孩子的优点。特别需要提醒的是，这些优点不该是孩子和别的孩子比较得出的，而是孩子本身具有的特质。比如很有爱心，对小动物很好，很有礼貌，会主动和朋友打招呼等。让孩子拥有足够的自信，才会让孩子的情商大幅度提高。

帮助孩子管理负面情绪，也是情商教育的重要方面。家长可以培养孩子健康的兴趣爱好，以此来帮助他们排解压力，例如，带他们一起参加体育锻炼、画画、唱歌等。心理学上的研究显示，做运动是极佳的疏压方法之一，持续做20分钟以上的有氧运动，会促进大脑中内啡肽的分泌，起到舒缓压力的作用。

父母应该安排些机会，让孩子多和小伙伴一起玩耍、学习，共同度过生命中的重要时刻，如过生日等。

重视情商教育的父母在孩子参加团体活动时，关注的焦点不在于孩子与他人的比较，而在于孩子和他人的互动。是主动和他人说话，还是害羞不开口？当别人与孩子说话时，孩子有什么反应?与他人发生冲突时,孩子又是如何回应的?家长不妨准备一个笔记本,记录观察的重点。

培养乐观积极的态度,对于孩子来说,同样很重要。心理学研究发现,孩子如果持有乐观态度,那么他的人生幸福的概率则比较大。

要让孩子懂得正面思考事情,知道怎么看到事情的优点,从而避免负面情绪的干扰,找到激励自己的动力。

为了帮助孩子学会寻找事物的优点,父母应经常用正向发问的方式启发孩子思考。比如询问孩子:"今天认识的新同学,你觉得他有什么优点?"而当孩子演出不理想时,不应该说:"你今天怎么回事?表现得一塌糊涂。"而应该说:"这次可能让自己失望了,但你觉得有什么值得肯定的部分呢?"如此一来,孩子就有能力去思索正面的答案。

正向思维能力是在日积月累中形成的,只要平时多花点心思,就能做到。

父母都希望孩子长大后能很好地融入校园生活,也能很好地融入社会。培养孩子的社交情商,应该从身边一点一滴的小事做起,情商教育对孩子来说,是受用一生的宝贵财富!

学习力培养

扫一扫,听音频

📍 2.2.1 建立内心秩序感

在不少刚刚有宝宝的家中,客厅里都有一个围栏,里面堆满各种各样的玩具。可是有的家长发现,孩子根本不玩家长给他们的东西,相反,对家里的清洁用品或者那些根本不是玩具的物品感兴趣。

有位妈妈对我说,她给孩子买了很多很好的玩具,但是她不知道这样做对不对。我问她:"您觉得这个玩具是买给孩子的,还是买给自己的呢?"她想了一下说:"可能绝大多数还是买给自己的吧。"

如今的年轻家长可能都是"80后"或"90后",童年与如今的孩子相比,物质条件要差很多,于是,家长们便有了一种补偿的心态,认为现在条件和环境好了,要尽量满足自己的孩子。事实上,家长是在满足自己心理上的需求,因为他们内心里还是没有长大的孩子。

物质陷阱有两个重要的方面,其一就是过度满足。

过度满足孩子会造成什么后果?首先会导致孩子专注力缺失。专注力受家中的摆设影响,客厅堆放的玩具并没有按颜色、形状分类,色彩斑斓,看上去很漂亮。但孩子在玩耍过程中,只有全神贯注地面对一件事物时,才能从中获取巧思妙想,专注力才能达到极致。比如一张纸可以有很多种玩法,叠纸飞机或者折小青蛙,在探索纸张用途的过程中,孩子的动手能力、专注力和思考能力都得到了锻炼。

一柄勺子对孩子来说可以是吃饭的用具,也可以用来挖沙,他们的世界里没有唯一、固定和固化,所以他们的想象力极其丰富。但是当面前的东西多且复杂,孩子无法专注时,想象力也会缺失。对他们来说,勺子就是勺子,挖沙的工具就是挖沙的工具,孩子不会产生联想力和学习主动性。

18个月到3岁之间的孩子往往会有这样的行为:他们会

家长的觉醒：
幸福家庭心理课

将同类事物进行排列，例如把凳子摆好、把娃娃排好。我们把这种行为叫作孩子内心的秩序感。

家长会给孩子买很多绘本，可是你会发现他们往往只喜欢读其中的一两本，而且无数次地让家长读给他们听。其实孩子对自己的物品、认知都有一个如脚手架般的学习过程，处于第一层时，不会直接跳到第三层、第四层，如此循序渐进。给孩子读绘本就是不断重复的过程，而让家长不断朗读同一本绘本，是因为他们希望家长读出来的内容，就是他们所知道的。这是孩子学习的一个过程。

所以，建议家长们把孩子们的绘本、玩具等进行归类，用盒子或者柜子收好。一次只拿出一到两样玩具，在玩耍过程中激发孩子对这件玩具的想象力和创造力，让他用不同的玩法来玩同样一个东西，而不是把所有的东西堆到孩子面前让他们随便选。

成年人的物质欲望较为强烈，于是无形中，我们也会把这种概念投射到孩子身上：为孩子买很多的书，因为我们对自己说，他们需要；为孩子买很多衣服，我们还是会对自己说，他们需要。

不妨把孩子的物品整理一次，按需求、季节、功能归类。当外在的物品有秩序后，孩子的内心才会有秩序感。

2.2.2 培养学习原动力

孩子是人,不是机器,他们身上没有按钮,也没有"好好学习,天天向上"的执行程序。事实上,孩子有自己的主观能动性、意愿、兴趣爱好和性格特征,这些因素直接影响了孩子是否愿意学习。

很多的家长把孩子学习成绩不好的原因,归咎于专注力不够,实际上,这是让专注力背了黑锅。

孩子的学习成绩如何,与专注力没有必然关系。有些专注力很好的孩子成绩的确不错,但遇到涉及逻辑思维的数理化等科目,光有专注力往往不够。

事实上,孩子的学习原动力是否充足才是决定成绩好坏的关键因素。如果孩子没有学习原动力,他就是被迫学习,就算目前成绩不错,但持续的时间也不会很久。只有有了学习原动力,自己愿意将时间和精力用在学习上,那才是长久之计。

家长不妨问问自己,你们的孩子是在为他们自己学习吗?很多家长说,孩子都是不自觉的,需要被管理、被监督,甚至要家长陪着做作业。那么孩子学习的本质又是什么?成人会用分数、排名等来分辨一个孩子是好是坏,可是,孩子的成绩真的是他们这一辈子最重要的事吗?学习成绩与未来的社会关系、前途之间,真的能画上等号吗?如果家长的回答是肯定的,那么他们就会带着压力去辅导孩子。

在心理学上有个词叫"接受",在生活中,往往有很多事情是我们不接受的,而自己却不知道。孩子的学习问题和丈夫的戒烟问题,看起来是两件事,实际都有一个共同点,就是"不接受"。当你不接受时,焦虑和急迫就会因为孩子某个单词不会读、某个字又写错了而宣泄出来,进而大发雷霆。

没有一个家长会接受孩子不愿意学习、喜欢开小差、学习不认真等坏习惯,可就是因为带着这些不接受的心态去陪孩子做作业,才导致了亲子矛盾。孩子的任何一个错误都会被放大,孩子的进步看起来很微小甚至被忽略,孩子永远都在家长无形或有形的压力下行动,这本身对孩子来说就是不公平的。

所以,家长辅导孩子做作业时,请一定要调整好自己的心态。想一想,你是真的在帮助孩子,还是在逼迫他们?家长们应该告诉自己:孩子处于学习的过程中,短暂的过失并不会决定他将来的前途,没有必要那么焦虑。正因为他是孩子,所以他需要我,我可以容忍他犯错,我会在陪伴孩子的过程中引导他改正错误。当你有了这样的心态,你和孩子间的矛盾可能会少很多。

2.2.3 找对方式因材施教

学会了包容、体谅、原谅、理解孩子还是不够的,找到孩子的学习原动力是至关重要的。我们该如何激发孩子内心真正想学习的动力呢?

家长们不妨再问一下自己:我知道孩子的兴趣和爱好吗?我知道孩子特别喜欢干什么吗?有没有发现他只要做自己喜欢的事情就会干劲十足,完全不用督促?

有一位老师给孩子们布置了一道作业:看一本书。老师让女孩子写读后感,让男孩子根据书里的内容做模型,同样的一节课,男孩、女孩的作业是完全不一样的。结果,女孩子交上来的读书笔记一个比一个深刻,有关于情感的,有描述细节的,有整体概括的,因为女孩子的思维模式呈现戏剧化,脑海中有画面感和细腻的情感体验。而有的男孩子虽然不爱看书,但为了做模型,他们会多次阅读以了解细节。

这位老师非常聪明,她利用了男孩女孩对于事物的表述方法不同、兴趣点不同等特性,因材施教,从而达到了让孩子们看书的目的。

和这位老师一样,家长只要找到自己孩子喜欢的表达方式、兴趣点,根据这些来布置作业或任务,就一定会比督促来得更轻松。

根据孩子的兴趣爱好去引导，他们的积极性就会变得很高。家长可以为孩子设立一些目标，例如，你认为孩子在作业上花费的时间太多，就可以对孩子说，今天写作业的时间如果比昨天短，那么就可以赢得积分。为孩子做一张积分表，他们就会知道自己的每一次进步都能换取积分，而积分是看得见的，也不会被家长忽略。自己任何的小进步都是有价值、有意义的。

每周为孩子分析一次积分，看看他在哪些方面进步了。或许他暂时不如其他孩子优秀，但至少他一直在努力。让孩子看到进步的结果，他会觉得自己很棒。

家长还可以为孩子做一下规划：放学回家后一共有多少时间，在这个时间段里，孩子先做什么，后做什么。如果在某个时间段内完成了任务或者超额完成目标，那么就会有奖励。当孩子知道，自己的努力可以换取想要的东西，他就愿意为了目标努力和奋斗，也会在学习中收获快乐。这就是我们说的学习原动力。

📍 2.2.4 成为懂得培育的园丁

不是每个孩子都是天才。大多数的孩子并没有那么优秀，也许他们只是为别人喝彩的观众。如果孩子是一朵玫瑰花,那么他不可能变成向日葵,但我们可以让玫瑰花更艳丽脱俗。

家长不要做掌控孩子的命令者,而是学着去做园丁,根据花的特性去种植、施肥、培养。首先要了解这种花的特性,用种苹果树的方式种向日葵是没有用的,用种玫瑰花的方式种苹果树也是没有用的。

每个孩子都有自己的特性,可是家长往往没有花时间和心思去了解,也没有去找出他们的特征,而是用想当然的思维认为孩子应该怎么做,最后自己的想法可能和孩子的意愿大相径庭。首先要做一个懂孩子的家长,才能做一个引导孩子的家长,如果连了解都没有,那么引导便是盲目甚至无效的。

希望家长能调整好自己的心态,做到真正的陪伴而不是逼迫。结合孩子的兴趣、爱好、个性特点制订专属的学习计划、积分制度、进步管理机制,让孩子不会那么抵触和讨厌,亲子关系也不会因为写作业这些小事而破裂。

每个孩子都有感恩之心。让孩子感觉到父母是在真心陪伴他、理解他、懂他,他也会理解父母的苦心。以柔克刚,让孩子感受到父母的爱,自觉自愿地去学习。

价值观

扫一扫,听音频

📍 2.3.1 努力终会有回报

曾经有位妈妈,她为孩子设立了目标,目标达到了,奖励也兑现了,但是却没有达到她预期的效果。事实上,这位妈妈设立的目标很模糊,是个很宽泛的概念,无法判定孩子的目标完成情况。当孩子做不到的时候,她就会放弃执行,而所谓的奖励,也不一定是孩子真喜欢的。

我为这位妈妈做了如下调整:把孩子的每一步分别设立成小目标,例如,在多长时间内完成作业就能得分,吃完饭帮妈妈洗碗能得分，扫地能得分等等。孩子把分数累积起来后，就可以兑换自己喜欢的东西，例如裙子、玩具、演唱会门票等。

等孩子长大上班后，他就会发现，可以通过积极努力，用工作绩效去换取想要的东西，比如涨工资、升职等。你为孩子买东西时，应该告诉他，良好的行为决定了能得到多少，每一件事情都值得努力，因为它能让我们的生活越来越好。

2.3.2 树立正确的价值观

物质陷阱的另一个点，是给孩子买东西时，不看价值只看价格。家长一定对孩子说过"这个东西很贵，我们不买"，这时，作为家长的我们应该为孩子解释清楚"什么叫作'贵'"。孩子的认知最开始比较简单，家长每次说"这个东西很贵，我们不要买"时，孩子们便会产生一个误区，那就是我们家，或者我只能用便宜的东西。但事实上，家长的意思并非如此。

建议家长在这时可以这样说："这个东西确实很好，但是它的价格有点高。我们可以在相同品质的商品中再选择、比较一下，买一个性价比最高的东西。"当孩子选择商品时，家长也应该有一个导向，不要什么都买最便宜的。任何商品都有造价，如果价值太低，品质便无法得到保障。

孩子对于钱和物质的概念都是从小耳濡目染形成的,听父母说话、看父母做事,最后形成自己的价值观。为什么有些成年人一听到价格就直接拒绝?因为他们从来不会去考虑东西的品质,也很少去考虑这样东西带来的精神愉悦。

所以,我们要为孩子灌输一个正向的概念:贵的东西并不一定是最好的,而需要的东西才是最好的。购买物品时,要从性价比、品质、性能方面进行全面评估,而价格是最后才要看的。有了这样观念的孩子,会在往后的生活中,更重视品质与内涵,不易被价格裹挟。

可以对孩子这样说:"你值得拥有这个世界上任何美好的事物,但前提是我希望你通过自己的努力去得到。现在妈妈可以在物质上给你一定的帮助,但我也希望你可以通过自己的行动创造更美好的生活。"

不少家庭还有这样的现象:家长心情很好很开心,就会使劲给孩子买东西。孩子对物质没有任何概念,他们会认为"父母只要高兴了就会买东西给我",甚至会认为"父母的钱迟早都是我的,所以没钱了,我就可以找他们要"。有这样想法的孩子不会懂得创造,也不愿意付出。

有些企业家很富有,但他们却要求自己的孩子从最底层开始做起,一步步升到某个职位。如此,孩子不仅收获了经验,还知道钱和物质是要靠自己争取和努力换来的。

我的儿子经常会问我:"妈妈你能赚多少钱?"我问他:"你为什么问妈妈这个问题?"儿子说,班上同学都在讨论自己的家长赚多少钱。我对儿子说:"妈妈赚多少钱并不重要,因为妈妈很努力辛苦地工作,所以赚多少都是妈妈应得的。你问我赚多少钱,不如问妈妈是如何赚钱的,因为妈妈的钱是妈妈的,将来你靠自己的奋斗也能赚到钱。所以我更想和你讨论如何赚钱这个话题。"

不知道这个回答是不是可以给各位家长一些启发呢?

2.3.3 学会面对,勇于改变

在生活、工作和学习中,我们会遇到各种各样的问题,比如家庭生活中的矛盾、冲突以及不和谐的声音,我却认为,恰恰是因为有了这些不好的、让人难过的状况,才能引发大家更深的反思,并做出改变。

当我们讲述看似很遥远的事情时,我们总会觉得,这跟我有什么关系呢? 只有当事情发生在身边甚至直接影响、改变我们的日常生活时,我们才会渴望得到舒缓、理解,迫切希望找到解决办法。此时,如果能用正确的方法与孩子沟通、解释,他们就会有更好的认知，得到更好的教育，即当事情发生时，正是教育最好的时机。

当一些很现实的问题摆在眼前时，就成了很好的教育点，这不仅是在教育孩子，也是对自我的反省。社会是一直在变化的，但很多人不太愿意承认这点，或者说没有做好去适应社会变化的准备，习惯在舒适区按部就班。当有一天不得不面对变化时，我们才会真正感到疼痛，开始反思，而此时，我们就希望把真切的感悟分享给孩子们。

例如，我们会告诉孩子，未来会发生什么谁都不知道，会有更多的未知事件，所以我们要学会适应变化。只掌握一种本领是很难在社会上立足的，只有多元型的复合人才，才能对变化随时做出应对。

📍 2.3.4 用德育灌溉孩子的心灵

疫情期间的表率作用，对孩子非常重要。很多家长做得不错，他们在微信朋友圈等社交平台上发布为孩子拍摄的微视频，以此感谢无私奉献的英雄们。不是非要到一线去才叫参与，我们还可以通过其他方式去宣传、去祝福、去赞美。这些父母用德育灌溉孩子的心灵，让他们尽一己之力，做出小小的贡献。

在父母潜移默化的影响下,孩子们知道了在疫情中的自己该做些什么。有些老人不愿意戴口罩,他们的孙子孙女会通过童谣等方式,想方设法告诉老人戴口罩的重要性。还有些孩子给老师和同学写贺卡,关心他们的健康,有些家长则带着孩子在楼下给小区居民派发口罩,做一些力所能及的事情。良好的家庭教育,此刻开花结果了。

家长的一言一行影响着孩子,全家人的一言一行影响着家庭,家庭的行为影响着整个社会。所以,当自己学会接纳、认真面对、勇于改变后,就会对孩子、家庭和社会产生积极的作用。

最后我想送给大家一句话:不为发生做反应,只为结果去努力。人的一生中注定会遇到各种各样的事情,但我们要通过共同努力,确保家人幸福地生活在一起,让孩子德智体美劳全面发展,这就是我们的目的。发生了什么并不重要,重要的是接纳发生的事情,朝好的方向前进。

📍 2.3.5 如何进行生命教育

如今,我们时常能看到孩子或者成人自残自杀的新闻。

有些人说，人们的心理素质太差了，遇到一点矛盾冲突就要用这么激进的方式解决，实在太不把自己的命当回事了。正因如此，我们不得不反思，在家庭教育中，我们是不是忽略了生命教育？

古人对生命教育做得要比我们好，所谓身体发肤，受之父母，不敢毁伤。而现代人并没有意识到自己的生命是父母给的，不懂得珍惜，不知道要对自己好一点，多爱自己一点，反而一冲动就做出让家人痛苦不堪的极端行为。

应该如何进行生命教育呢？我们可以告诉孩子，他是经历了哪些艰难的过程，才顺利来到人世间的，告诉他们，孩子是家庭的希望，是爸爸妈妈爱的结晶；父母对孩子的爱，与学习成绩的好坏无关。

我们要告诉孩子，生命很宝贵，同时也很脆弱。看似平常的一天，是很多人渴望但再也看不到的明天，所以一定要好好地爱护和珍惜。因为一点矛盾和困难就做出极端行为，是不是太可惜了？

一定要让孩子知道，比起生命，其他一切都不重要，成绩、长相、收入等，这些外在因素与生命相比，都没有意义。只有好好地活着才会有希望，才会越来越好，活着，才是一切可能的前提。

2.3.6 培养孩子的应变能力

人工智能等高科技为生活带来便利的同时,也加速了人力的淘汰。人会出错,机器很精准;人不能 24 小时工作,机器可以一直运转,还不会受疾病劳累的侵扰。在与时俱进的同时,我们也要将这一观念灌输给我们的下一代。

我们应该思考一下,孩子是否还在痛苦地死记硬背,学习那些应付考试的知识点?我们是否有培养他们的适应力、抗挫力和应变力?我们希望孩子从事的职业在将来会有前途吗?我们的眼光是局限当前,还是放眼未来?

如果已经意识到"永远不变的就是变化"这一点,那就不要逼着孩子死记硬背,应该更看重培养孩子的能力。

压力管理

扫一扫,听音频

📍 2.4.1 学习成绩压力

无论是儿童还是正值青春期的孩子,对于成绩都是有压力的。虽然考试成绩只代表孩子对部分题目的掌握度、理解度和表达度,并不能说明一切,但因为成绩的好坏被分数直观地量化展示出来了,分数线也决定了孩子以后能否在教学资源更好的学校学习。因此,压力自然就会产生。

作为家长,我们首先要改变思想。由于应试教育体制的影响,我们过于重视孩子的考试分数,而不够注重孩子的个性、心理和其他方面的发展。这种矢之偏颇的教育理念,不仅给孩子造成了沉重的心理负担,也束缚了孩子个性、独立自主能力和心理的健康发展。如果多多注重孩子的全面发展,他们的学习压力会减轻许多。

其实,考取重点中学、重点大学不是唯一的出路,知识和能力不是正比例的关系,身心健康比学习优越更重要。不要对孩子提出过高的要求,不要给孩子造成思想压力,每个孩子的心理承受能力、智力禀赋、学习情况是不一样的,不能用一个标准来衡量。因材施教、量力而行,孩子才能有稳定的情绪和持续的动力,最终在自己擅长的领域有所建树。

孩子需要学会的不是单纯的知识,更重要的是思想、是解决问题的方法,是如何更好生活的能力。不要让孩子身心疲惫地忙于学习,而忽略欣赏生活的点滴美好。如果孩子因为学习压力过大而出现比较严重的心理问题,要及时疏导孩子,让孩子拥有一个健康的心态,多给他一点支持和鼓励。多带孩子出去玩玩、散散心,让孩子在大自然中放松心情,感受生活的美好和快乐。

2.4.2 对比比较压力

孩子在婴幼儿时期其实没有攀比心,不会去比较的。

随着孩子一天天长大,作为父母,我们有意无意地会说起"别人家的孩子",羡慕"别人家的孩子"能歌善舞,学习成绩好,长得又好看。这个时候,孩子就有了人生中的第一次对比:原来"别人家的孩子"这么优秀。

这样的对比往往会让他们产生比较大的压力。有的父母注意到这一点,主动和孩子沟通,通过及时有效的舒缓,让孩子把压力化为动力,在这种情况下,孩子会仔细思考如何才能让自己变得更好。

如果孩子的心智不太成熟,压力又得不到及时有效的舒缓,往往会产生逃避和排斥的心理,他们甚至会认为,正是因为"别人家的孩子"的存在,他们才会变得不好,才会考不到班上的第一名。一旦形成这种思维模式,他们不会认为问题的根源出在自己身上,而会将过错全都推给他人。遇到某方面比自己优秀的人,他们想到的不是如何去学习他人好的方面,反而在行为上还可能带有伤害和排挤的倾向。

作为父母,我们一定要特别注意,请将焦点放在自己的孩子身上,不要轻易把自己的孩子和"别人家的孩子"做比较。

这种由对比产生的压力，除了会造成很多负面影响外，一点都帮不到孩子。

📍 2.4.3 社交人际压力

孩子在校园里除了学习以外，最重要的就是交友。在美好的青春期，他们中的一部分人有可能会交到一辈子的好朋友，而另一部分只有很少朋友甚至没有朋友的人，由此产生了社交压力。

不同的孩子的社交压力不一样，表现出来的形式也不一样。性格问题导致没有朋友的孩子，在遇到欺负时可能会哭着逃避或者不想去学校。如果你的孩子提出想要转学或者不想读书时，我们不要武断地认为孩子是因为成绩不好，被老师批评了，一时想不开才会这么说。作为父母，我们要多长一个心眼：很可能孩子在学校里的社交出现问题了。

当孩子提出这些问题时，请不要去责骂他，可以问问孩子：为什么不想继续在这个学校里？可以跟爸爸妈妈说一下到底发生什么事情了吗？我们也许能帮你分析一下？也许事情并没有你想的那么糟糕？

还有一种孩子，他们特别优秀，成绩好、家境好、深受老师和家长喜爱，尤其是他们的父母在社会上有一定的地位。这些孩子的社交压力其实也很大。有些孩子会疏远他们，也许是觉得和他们在一起，有些自惭形秽。还有一种可能，就是这些一贯优秀的孩子往往不能接受失败，在一定程度上，也让他们看起来高高在上，骄傲自大，难以亲近。

无论哪一种类型的孩子，校园社交都必不可少，这是孩子走向社会前的重要一步。针对孩子的各种心理和反应，作为父母的我们要准确预判，为他们打预防针。

2.4.4 孩子的沟通压力

人际交往里还有一个非常重要又容易被忽视的压力，就是沟通压力。当沟通不顺畅的时候，压力就一定会出现。不仅是孩子，很多成年人都会有沟通压力。

例如，一个很胖的女孩站在马路边，这时一个苗条漂亮的女孩走了过来，瞟了这个胖女孩一眼。胖女孩一定会有压力，心里想着：她为什么这么看我？她是不是觉得我长得很胖？我是不是很丑？她确实长得苗条又漂亮，但她能这样对待我吗？女孩之间没有语言上的沟通，但是一个眼神就能引发各种猜想。

在学校里沟通压力无处不在，老师对孩子说：今天放学留下来一会儿。这一句话就会让孩子产生压力："老师为什么要留我下来？""我是不是犯了什么错误？""我是不是被谁告状了？""到底是谁告的状？"……无形中就会产生很多负面的情绪。

作为父母，我们要教孩子如何去和同学、老师沟通。不要自己想当然地猜想对方的想法，你不是对方，对方想什么完全是不受你控制的。

如果你觉得对方对你有意见或者想法时，你就应该去问清楚，而不是武断地"自以为"。有些孩子的成绩不太好，恰巧班上的活动又没有让他参加，如果这个孩子封闭自我不去沟通，有可能会被自己的负面情绪逼到死角。

我们应该鼓励孩子勇敢地去和老师沟通争取："老师，为什么这次活动名额里没有我？如果这次没有我，我能不能做一些什么补救的措施或者您觉得我在哪个方面要做出改变，下次就能让我参加这样的活动了？"

我们更要鼓励孩子，不要因为这一次偶然事件就觉得难过挫败，只有积极沟通，找到原因，才能弥补因为"自以为"而产生的裂痕。

2.4.5 学会战胜压力

孩子最容易感受到的压力分别有学习成绩的压力、对比比较的压力和社交人际沟通的压力。学习成绩的压力家长很容易察觉，但常常会忽略掉其他的压力，这些压力大多恰恰是家长带给孩子的。

如果我们希望减轻孩子的压力，首先要有一个正确的教育观、沟通方式和表达方式，这样孩子的压力自然而然会小很多。至少让孩子知道面对压力时该如何去沟通，在别人不理解自己的时候，要保持良好的心态，去争取一下。

希望作为父母的我们，能够传导家庭正能量，给孩子一个正面的沟通疏导路径，不要对比，不要强压，需多让孩子倾诉、多给孩子机会。家庭给孩子的力量是可以用到学校和社会里去的。如果家庭给的力量不够，孩子在遇到事情时就会产生很多负面情绪。如果得到的力量足够，父母很支持、很信任孩子一定可以做好，那孩子在学校里哪怕遇到挫折，也不会走极端，会具备一定的力量去理解别人，以及理解别人对他产生误解的原因。

第三章
让孩子在学习中获取快乐

家长都很重视孩子的考试成绩,考得好,父母心里乐滋滋,考砸了,父母会为此着急,如果找不到原因,则会一味地责骂孩子。

考试往往会让家长和孩子产生焦虑,平时学习成绩都不错,但只要临近考试了,各种担忧蜂拥而至,全家人的作息、饮食都会围绕孩子而变化。因为这些变化,孩子的焦虑感会更严重。

所以,在考试之前跟孩子探讨什么是考试是非常必要的。要让孩子知道考试只是一个过程,一个小小的时间节点,而不是结果,任何成绩都不能决定未来的前途和发展。只有做好这样的心理建设,才能让孩子用健康的心态去应对考试。

备 考

扫一扫,听音频

📍 3.1.1 因夸赞而来的压力

家长总喜欢将自己的希望寄托到孩子身上,对他们说:"在亲戚朋友的孩子中,你是最优秀的,成绩最好,我们都很看好你。"表面上这些话是夸赞,其实却在无形中给了孩子非常大的压力。孩子会认为其他孩子都可以考得不好,唯独自己不能。

有些家长也会对孩子说:"这次考试,你已准备很充分了,妈妈相信你一定能考好。"但考试前最好不要对孩子说这些表面上是肯定，其实是徒增压力的话。家长对孩子越抱有期望，孩子越会担心自己让家长失望，压力也会变得越来越大。

有两种孩子很容易考砸。一种是拥有专制型父母的孩子。为了让父母有面子，孩子从小只能做"别人家的孩子"，他们所承受的压力通常比其他孩子更大；另外一种是平时很少获得父母关注的孩子。这类家长只有在孩子成绩不理想时，才会去关心，所以孩子甚至会故意以低分博关注。

📍 3.1.2 正确的心理建设

考试无非有几种结果：第一种，孩子正常发挥，家长接受；第二种，孩子超常发挥，一家人欢天喜地；第三种，孩子平时成绩很稳定，是班上的佼佼者，结果成绩却不尽如人意，出现这种情况，孩子和家长肯定无法接受。

那些不太被看好或者未被家人紧盯的孩子，心理压力相对较小，考试时通常能发挥稳定。反而是那些很被看好且成绩优异的孩子，却会因为家长过多的期望，出现临场发挥失常。

应该如何为孩子做心理建设呢？其实孩子最在乎的，是家长看到成绩后的态度和反应。如果孩子考前真的很努力，但成绩依然不理想，那么抱怨和责备都没有任何意义，只会让孩子从此失去信心。

所以这时一定要告诉孩子:"我在乎的不是你的考试结果,而是你能不能用积极的心态去面对考试的过程。只要你真的努力了,任何结果爸爸妈妈都能接受。"

同时,父母对待考试的心态比孩子更重要。得失心很重的家长会将这一心态传递给孩子,而家长如果做到坦然、自在,孩子的压力也会缓解。

如果孩子考得很好,你会以他为骄傲,然后祝福他;如果考得不好,你还是会一如既往地爱他。亲情不是某一场考试成绩能替代的。

◆ 3.1.3 考前的注意事项

考前准备非常重要。有些孩子复习得很好,但在去考场的路上,却因为不熟悉路线而耽误;有些孩子到了考场,却发现该带的东西忘在家里。家长应该帮助孩子做好考前准备,比如提前带他们熟悉一下去考场的路线,让孩子自己整理考试用具,让他们在此过程中减轻内在压力。

家人对待考试的态度必须一致。如果妈妈宽宏大量,但爸爸却不体谅孩子,或者父母都很支持孩子,爷爷奶奶却有诸多抱怨,这样的不和谐也会造成孩子的心理压力。

来看一个真实的案例:有个孩子成绩一直很好,但是最近的考试成绩却特别糟糕,而且一次比一次差。原来,孩子的妈妈总在他面前抱怨奶奶,说她将家里的钱补贴给别的亲戚。孩子担心家里快没钱了,极度没有安全感,心思自然不能用在学习上。

在考试前,应尽量避免家庭矛盾,让孩子安心迎考。

3.1.4 正确的考后沟通方式

面对孩子考砸的情况,很多家长要么采取冷暴力,要么质问和挖苦。

冷暴力的家长不会对考试结果发表意见,可他们言行中却透露着这样的信息:"考得这么不好,自己去反思吧""已经这样了,我们说什么都没用""你让家人很失望"" 你的成绩对不起任何人"……冷暴力是非常伤人的,会在家中营造消极凝重的气氛。

只知道质问和挖苦的父母可能会这么说:"你怎么考的?为什么会考成这样?是哪道题没有做好?是粗心还是真的不会做?"表面上看,父母是在给孩子找原因,实际上他们并没有帮孩子分析考试失败的原因,而是想通过反问、质问的形式,强迫孩子说出让自己能接受的理由。

这两种沟通方式都不会让孩子得到任何教育意义,只会让他们产生极大的压力、自卑感和逃避情绪。

作为家长,我们首先要面对孩子确实没考好的事实。心中不满在所难免,但不能因此认为这次没考好的孩子一辈子都完了。消极情绪不代表真实的事情发展状态。

接着,家长要接受孩子的考试成绩,这样才能用平和的心态与孩子沟通,帮助他们分析、寻找原因。

出于本能,面对不理想的成绩,孩子的第一反应就是逃避。孩子毕竟是孩子,他们的愧疚、难过和不开心比家长更强烈。建议家长这样告诉孩子:"考试结果已经出来了,我对这个既成事实不做任何评断,我只想就这次考试的过程跟你好好聊一下,不知道你愿不愿意?如果现在还没有准备好,我可以给你一点时间,或者我们约定时间,一起探讨一下好吗?"

尊重孩子,给他们一个心理缓冲期,待他们准备好了愿意沟通时,才能真正起到作用。

与孩子沟通时,不要总是你问我答,这样会让孩子产生被审问的感觉。可以用启发方式提问:"在考试时,你是怎么想的?考完了之后,你的感觉是什么?关于这次考试,你有什么想跟爸爸妈妈说的吗？和以往的考试相比，你的进步体现在哪里？你认为自己的弱点在哪里？准备怎样去弥补？"

沟通过程中，不要站在上级对下级的立场上，而是站在孩子的角度去替他思考问题。关心孩子对挫折的看法和解决方法，帮助他们找到失败的真正原因。

和孩子沟通的过程中，家长还容易犯一个错误：本来在好好说话，但孩子的某个回答突然激怒了你，从而情绪失控。这时，家长就要提醒自己，不要失去理智，争吵永远解决不了问题。

如果孩子在这场失败的考试中学到了宝贵的经验，那么考试的意义就是正面积极的；如果因为成绩而破坏了家庭关系，孩子的压力不仅没有得到缓解，自卑感和对学习的恐惧感反而增强，那么考试便成了伤害。

未来孩子会面临很多考试，学校的考试只是其中一部分，更多更重要的是人生的考试。对考试的良性分析能让孩子对自己有清晰的认知，最重要的是让他们对自己的将来抱有期望，学会规划，这才是考试最大的意义。

考后的沟通不限于考砸的情况，考得好同样需要沟通和分析。成绩优秀，就用大量物质去奖励孩子，这样会让他们觉得，只有考得好我才能得到这一切。在未来的人生中，孩子会遇到各种失败和挫折，某次考试的成功会让他们失去总结失败教训的机会。所以，即使孩子考得很好，在庆祝之余也不妨冷静下来，帮他们分析一下。

3.1.5 考后人际关系的处理

有些成绩好的孩子，在学校的人缘关系反而不如那些成绩差的孩子。有些时候，两个本来关系很好的朋友因为一次考试成绩的差异，渐渐疏远了。

要用科学的方式教孩子如何在考后与同学进行良性沟通。首先我们要告诉孩子，就算考得再好也不能用自己的成绩去刺激别人。可以主动问问小伙伴，有没有需要自己帮助的地方，不要让对方觉得同学之间的关系会因为成绩而疏远。

考得不好也不要自卑，不要产生"同学们都考得好，我考得不好，他们都看不起我，不会跟我玩了"的心态。家长要鼓励孩子用平和心看待考试，成绩不是唯一重要的事，成绩也不是衡量友谊的要素。多多发现自己身上的长处，增强自信心。

无论成绩如何，家长都要帮助孩子认识到，在人际关系中，人品、情商、同理心、解决问题的思维以及对事情的看法才是最重要的。

青春期

📍 3.2.1 成长的烦恼

英语里有一个专门的词组,叫"Terrible two",直译为"可怕的两岁",意译为"第一反抗期",又被称为"儿童期的叛逆"。从事幼儿教育的人都知道,在孩子的生长发育过程中,不同时期都会有不同特质的叛逆表现。两岁,是可怕的两岁;青春期,有青春期的叛逆。

很多孩子到了青春期,和父母的关系突然就变得生疏起来,不爱说话,喜欢抬杠,把有些事当成小秘密偷藏起来,把很小的事视为大问题困惑不已。通过媒体报道,我们经常可以看到有的孩子离家出走,有的孩子触犯法律,有的孩子因为各种原因自杀了。是不是很诧异:现在的孩子到底怎么了?小时候都很听话,长大了却变得如此脆弱,如此暴力,如此不可理喻,真的是因为青春期就是叛逆期吗?

就如很多年前的美剧《成长的烦恼》所说,不管哪个年代,青春期都是人们在生长发育过程中必经的阶段。很多"成长的烦恼"就发生在青春期,早恋、网瘾、抽烟,说话做事特别冲,不尊重家人,在家像个小霸王。

社会正在发生翻天覆地的变化,从公用电话年代走过来的父母和成长在4G、5G年代的孩子,不可能有着相同的青春期烦恼。家长们已经不能再用10年前甚至20年前的育儿观或者社会观来对待现在的孩子,育儿观理应跟着孩子一起成长。

3.2.2 和青春期的孩子科学相处

青春期的孩子最善变,变得陌生,变得成熟(抑或孩子自以为的成熟),也许以前那个听话懂事的孩子到了青春期会和父母疏远。作为父母,我们首先要做一个冷静的观察者,学会接纳,学会引导。

儿子在上小学之前,去任何地方都想要拉着我的手,黏着我。上小学之后,他经常跟同学出去聚会,这时候他就想摆脱我,因为他的同学们都不让自己的父母参加他们的聚会。有时候,儿子还问我能不能把他的同学带回家里一起玩耍。这些都是青春期的变化,不仅儿子变了,家里的关系也发生了翻天覆地的变化。作为父母,可能无法接受这一切,也许我们忘记了,这是成长的烦恼,孩子本来就是要经历这种变化的。

既然这种变化是不可避免的,那么我们就要去学习怎样和青春期的孩子科学相处。

首先我们不要再把孩子当作孩子来看待。青春期的孩子特别强调自我想法、自主选择,如果被人为限制和管理,那他们就会躲避甚至不理会。这是青春期孩子最典型的一个心理特征:他要自己做主。作为父母,不妨把命令句改为询问句或者陈述句。用命令式的语气和孩子讲话,很容易引起孩子的反抗,你应该把他当作一个成年人来尊重。

在这个时期,不要过分强调"父母"的概念。在传统观念里,父母管孩子,天经地义,当孩子觉得自己被约束了,就会开始躲避和隐瞒。在这种情况下,作为父母,不但不会知道孩子在做什么、在想什么,彼此信任的良好亲子关系也会逐渐消失。

孩子顶嘴也好,反抗也罢,我个人认为要用宽容的心态去包容和理解。与孩子沟通时,多用开放性的问题:"你最近在干什么?""你最近有什么想法、什么计划?""这个周末你打算如何过?""你最近跟朋友同学相处得还好吗?"还应该坦诚地对孩子说:"爸爸妈妈知道你现在长大了,有自己的想法了,这非常好,因为这是你成长的必经过程""爸爸妈妈愿意做你的朋友和倾听者,如果你愿意把一些事情和想法告诉我们,我们会很乐意听你分享,当然我们不会替你做任何的决定,只会给你建议,决定权在你自己"……

你越是坦诚地跟孩子沟通,孩子才可能更愿意把真实想法告诉你。

3.2.3 让早恋的孩子明白爱的意义

作为父母,最不能接受的事情之一就是孩子早恋。很多父母觉得孩子早恋很丢人,更不用说早孕了。其实,这些在中国家长眼里不能容忍的事情,在世界范围内的青春期群体中并不罕见。

在美国,不少学校从初中起,就会给学生发避孕套。校方的解释是:孩子在青春期有性冲动是正常现象,24小时监督也是不可能的,既然无法避免,那就要主动面对,毕竟万一发生怀孕事件,伤害会更加严重。避孕套,至少能保护孩子不受二次伤害。我认同这种做法。

青春期的孩子不爱和父母说话,但和朋友、同学的关系亲密。如果在此期间交友不慎,作为家长的我们无法在第一时间了解情况,保护孩子。据我了解,很多父母在诸如此类的事件发生后,不是去帮助孩子渡过难关,而是用刺激性的语言去侮辱孩子、激化矛盾,引起更多新的伤害,最终也许导致孩子离家出走,甚至自暴自弃。

作为父母,我们该如何保护自己的孩子?我觉得首先要坦诚。我们不要去避讳和孩子讨论这些话题,更不要用"这么早谈什么恋爱""你们还是小孩子懂个什么"诸如此类的话语,去刺激孩子。孩子闭口不言,不代表他们认同父母的观点。

责备和打压,会让孩子觉得在家里是不能说这些话题的,这样一来,亲子之间的安全纽带就断掉了。当父母坦诚地和孩子面对面地聊"什么叫恋爱"时,孩子反而会没有思想包袱,也更愿意和父母说一些自己的感受。

有一位父亲发现儿子单恋一个女孩,女孩没有什么回应,儿子很难过,学习成绩下滑得很厉害。这位父亲是这样和孩子沟通的:"你很喜欢这个女孩是吗?你喜欢她什么呢?对,她漂亮、成绩好、优秀,大家都喜欢她,那她不喜欢你,你很难过是吗?"儿子说:"是的,我觉得很有挫败感,我都不想去学校面对她了。"父亲继续说:"在读书那会儿,爸爸也曾喜欢过一个女孩子,和你现在的情况差不多。如果你想吸引优秀女孩的注意,你就要比她更优秀,用你的优秀来吸引她,说不定她以后就会喜欢你了。"

儿子认为父亲说得很有道理,相似的经历引起了内心的情感共鸣,他觉得父亲是值得信任的,就把自己的情感困惑和其他一些想法都告诉了父亲。父亲的建议是:要把对女孩的喜欢,转化为学习的动力,如果长大后还喜欢这个女孩,可以去沟通、去表白,用个人魅力赢得对方的认可。

我觉得,这个父亲的做法很棒。与其在家里打骂、用负面言语去侮辱孩子,不如和孩子坦诚沟通"什么是爱""什么是责任""为什么要自尊自爱""应该如何保护自己"……这才是父母的智慧。

3.2.4 悄悄为孩子把关

青少年犯罪也是一个不能回避的青春期话题。

当我们发现自己的孩子开始把玩刀具,我们要厘清这到底是他们一时好奇还是其他什么原因；当我们发现自己的孩子经常出入一些和他年龄不符的场所，结交一些看起来不太正经的朋友，我们要提高警惕。

也许我们的孩子并不坏，但还是要警惕他沾染社会上的不良风气。也许，孩子们觉得这只是"讲义气"，殊不知有些做法与行为离违法犯罪只有一步之遥。

我经常和我的孩子进行交流，在一问一答中，我会判断孩子近期有没有什么异常情况，如果交往了社会上的一些坏朋友，是一定会留下蛛丝马迹的。孩子毕竟是孩子，他们会掩饰，但终究经验不足。父母毕竟是成年人，能发现一些问题，所以我们越坦诚越包容，孩子就越安全。因为作为父母，正悄悄地为孩子把关。

吾日三省吾身。作为父母，请想一想，在我们青春期的时候，我们的父母是如何与我们沟通交流的？那种方式是我们能接受和想要的吗？如果我们把自己都无法接受的方式强加给我们的孩子，孩子能快乐吗？孩子能信任我们吗？

不要为难孩子了。不要为难孩子的青春期了。青春如歌，孩子需要空间和时间，每一个孩子都会度过青春期，父母越温柔、越包容、越支持，孩子的青春期就会越顺利、越安全、越美好。

3.2.5 关注孩子的人际关系

我们经常会说这么一句话：如果运气好的话，会遇到一个非常负责任的老师。

对于老师，我们没有选择权，就算觉得他不好，换个班级甚至换个学校也只是治标不治本。因此，我们要做的，是教孩子如何与老师相处，如何有效地与老师进行沟通和交流。

有些孩子因为特别喜欢老师的人格魅力或教学方法而喜欢上某个科目，也有些孩子因为怕老师，和老师相处不好而对该科目产生厌恶，这些都是很常见的现象。

当孩子厌学、偏科时，首先要考虑是不是孩子和老师之间出现了问题，如果答案是肯定的，那家长就要尽快解决问题。如果师生间经过协调仍无法愉快相处的话，可以考虑换老师或换学校的下下之举。

同时，千万不要小看同学之间的关系。校园其实就是一个小社会，如果孩子在这个小社会里处理不好人际关系，没有朋友，受人排挤，甚至遭受校园暴力，那么很容易出现厌学情绪。

很多家长要求孩子专心学习，不要交朋友，生怕交朋友浪费时间，影响学习，实际上，成绩好与社交能力好并不冲突。

即便个人特别优秀,但没有人喜欢,这样的人得不到身边人的帮助,甚至还会遭受排挤。所以,帮助孩子建立良好的人际关系,也是为他们将来拥有良好的社会关系做准备。

当孩子产生厌学情绪,突然间不愿意去学校,不愿意跟同学们交往时,家长要意识到青春期的孩子是否在同学关系中存在过密或者过疏两种极端问题。

如何去关心和关注孩子的人际关系?不要刻意逃避这个话题,可以与孩子像开玩笑一样地聊聊,问问他们在学校有没有特别要好的朋友。让孩子把真实想法和情况说出来,这样才能更好地帮助他们。如果孩子不说,家长也避而不谈,等出现问题时再解决,那就为时已晚了。

还有些家长会邀请孩子平时关系好的朋友到家里做客,组织生日聚会,在玩乐期间观察孩子们的相处方式,多了解孩子,这也是值得推荐的方法。同时,家长也要尊重孩子长大以后的隐私权。

对孩子的管理要有度,在可以管控的环境下为他们提供方便安全的空间,这样不仅尊重孩子,也可以知道他和好朋友们的状况,还能让孩子觉得父母是支持我、懂我的,如此便不会与父母产生很大的隔阂。

青春期的孩子会面临很多问题,作为家长确实要管,但是千万不要采取错误的方式,例如偷偷摸摸地翻孩子的手机或者日记,私下打听孩子的交友情况等,这种行为如果被孩子知道了,他们会非常反感,今后无论遇到什么都会向父母隐瞒。坦诚地和孩子交流,告诉他们,父母是允许他们在安全范围内交友的。

如果发现孩子因为人际关系而厌学时,家长千万不要过硬地处罚、刺激他们,甚至做一些让孩子没面子的事情,而是应该用拉拢的方法为孩子疏导,让他们知道每个人的青春期都会产生一些问题,让孩子正确处理各种人际关系,并把这些关系和学习区分开来。家长不要小看孩子的厌学问题,但也不要过度焦虑。其实,培养孩子解决问题的能力,以及和各种不同性格的人相处的能力才是最重要的,而所有这些的基础,就是稳定、有爱、正面积极的家庭关系。

校园暴力

扫一扫,听音频

📍 3.3.1 不要漠视校园暴力

当孩子遭遇或者看到校园暴力时,有的家长会告诉他们,离那些坏孩子远一点;有的家长则说,下次遇到这种情况,一定要告诉老师和父母。更多的家长是这样的想法:只要事情不发生在自己孩子身上,就尽量让他们逃避,不听、不看,装作不知道。

学校就是社会的小小缩影,孩子们在学校里遇到的人和事,当他们踏上社会后,也可能会遇到。因此,当遭遇或者看到校园暴力事件时,请告诉孩子,不要用冷漠、无所谓、视而不见的态度,而是要积极和老师、学校沟通,尽可能曝光,让校园暴力不再发生。

当然,孩子并没有直接出手帮忙的能力,仅逞匹夫之勇,反而会更容易受伤害。所以,家长可以告诉孩子,通过写信、发短信、发微信等匿名方式,曝光这些校园暴力事件。

有个孩子放学回来频繁问父母要钱,父母觉得很奇怪,调查后才发现,原来是学校里的小混混逼迫孩子给钱。孩子给了一次后,小混混继续纠缠,孩子默默忍受,没有跟任何人说,而是把自己的零花钱、早饭钱甚至从父母处骗来的钱,都给了这些"大哥"。虽然班里的同学都知道这事,可他们选择沉默,没有人去揭发,这让这位被纠缠的孩子束手无策,只好忍受。

当孩子做出奇怪的举动时,家长一定要提高警惕。遇到校园暴力,孩子肯定会感到害怕,家长一定要告诉他们不要怕。最好由爸爸出面与孩子沟通,因为男性的勇敢和果断,能让孩子产生安全感。爸爸可以告诉孩子,用暴力强迫他人的行为是不对且违法的,而正义一定会战胜邪恶。

沟通的过程中,有两点值得注意。第一,千万别对孩子说"你怎么这么没用?为什么他们不抢其他人的钱,只拿你的东西?"不要用这样的言语去诋毁和反激孩子;第二,不要觉得无所谓，认为这些事情无关紧要。

📍 3.3.2 尽最大努力杜绝校园暴力

有的孩子遭遇校园暴力后会选择隐瞒，那么家长该如何察觉孩子有没有在学校受欺负呢？

定期检查孩子的身体十分重要，特别是要检查衣服遮盖的部位有没有受伤，孩子带到学校去的物品是否一直减少，给孩子的零花钱是不是经常不见等。

一定要鼓励孩子主动结交朋友，多一个朋友，多一次求助机会。如果孩子在学校时总是独行，身边没有朋友，那更容易被施暴者盯上。

如果孩子是校园暴力的加害方又该怎么办呢？千万不要以为孩子偶尔拿别人的财物不要紧，事实上，他们正在向犯罪行进。当孩子拿回任何他人的东西时，家长要及时问清来源，甚至要去学校求证获取的方式。

教会孩子如何去辨识朋友也很重要。有些孩子一开始并没有想过要去偷、去抢，可是受到朋友蛊惑后，他们便开始尝试。最初他们可能是被动的，但被抓到或被曝光后，他们就成了所谓的"坏孩子"。

所以，当孩子身边突然出现了有些许异常的朋友，他们经常一起出去，回来后却不告诉家长做了什么时，作为家长可要敲响警钟了。

3.3.4 正确地分析和教育

作为家长，要教会孩子如何分析事情。校园暴力是复杂的事情，只教孩子怎么解决并不够，将来如果孩子再遇到暴力事件时，他们无法用同样的方法去解决。所以，校园暴力事件也是一次教育孩子的机会。

让孩子知道暴力事件是非正义的，借此帮助他们树立正确的是非观。告诉孩子校园暴力的发生就是因为很多人的冷漠，所以才让施暴者有了机会。如果大家都挺身而出，那么这类恶性事件就不会发生。

不妨问问孩子，如果你遇到了校园暴力该怎么办？在孩子进入小学、初中，尤其是高中后，探讨这个问题十分必要。不要等到真的遭遇校园暴力后，才去想该怎么办。

家长应该告诉孩子，不要去做一个主动招惹他人的人，但也不要做遇到事情就吓得不知所措的人。当然，家长还要教孩子必要的自我保护方法，女孩可以学一些女子防身术，以争取更多的自救和求助时间。

对孩子的心理疏导也十分重要。遭遇校园暴力后,不要抱怨说我的孩子怎么这么可怜,这样会加重他们的心理伤害。家长应该告诉孩子,谁都不愿意遭遇校园暴力,但既然发生了,首先是接受,然后通过法律途径,或者借助家长、学校的力量,与加害方斗争。

家长无法为孩子隔绝所有的坏事情,所以应该告诉孩子,将来你会遇到各种各样的人和事,因此要尽可能保护自己。家长也无法随时保护孩子,所以,教育孩子要保持良好的心态,遇到事情不躲避、不冷漠,积极去面对、去解决,才是家长要做的重中之重。

让孩子在学习中获取快乐 第三章

对抗网瘾

扫一扫，听音频

📍 3.4.1 网瘾是怎么形成的

沉迷网络而不可自拔的人，都有一个共性：逃避现实。这类人往往在生活中过得不太如意，或多或少有无法实现的愿望。他们选择躲到网络世界中，在那里，他们可能是社交达人、超强能力者，他们可以成为自己想成为的任何人。

亟须存在感是网瘾形成的另一大因素。因为在现实生活中找不到很好的朋友，社交不顺畅，所以这类人在网络中更加热衷于交朋友。虚拟世界中，只要通过买装备或者伪装等途径，就能让自己的身份看起来与众不同，存在感激增，还可能收获崇拜，提升自尊心。

谁都想被认同和喜欢，但是现实生活中不是什么事都能如愿以偿。有些网络上的社交达人，其实是一个老实、平淡无奇、在人堆里完全不起眼的人。为什么他们现实中的人际交往和网络上差距这么大呢？大概率是因为网络很方便隐瞒自己真实的相貌、职业、现状，人们可以随意塑造理想中的形象展示给外界，以此吸引其他人。这种网络中的无障碍交流，也是网瘾形成的很大原因。

有网瘾的人，时间管理一般都很混乱，痴迷于网络，不吃饭不睡觉，长期如此，身体出现问题，甚至猝死。这些行为都是对健康和生命的不负责。当时间没有了界限，自我管理就基本为零了。

同时，沉迷网络的人往往也不爱运动。一个喜欢运动、注重健康的人，怎么可能花费七八个小时甚至十几个小时，一动不动地坐在电脑前呢？长久不活动，对身体也会造成极大的伤害。

📍 3.4.2 与网络建立正确的联系

网瘾不是规劝两句就能戒掉的，最好的方式是防患于未然，在家庭成员还没有网瘾或发现已经有苗头时，及时避免或挽救。

孩子上幼儿园或小学期间，就要让他们正确地认识网络、电子产品和虚拟世界，帮助他们在网络虚拟世界和现实社会中建立正确的联系。

不要完全堵住孩子认识网络的路，这样会让他们对网络产生更加强烈的好奇心。可以让孩子适当接触网络，因为网络不存在好坏，只是看是否使用得当，时间规划是否科学。家长的过分管理和错误限制，也是孩子对网络痴迷的一大原因。

那么，如何帮助孩子与网络建立正确的联系？要让他们知道网络可以帮我们搜寻到很多好的信息，让我们看到这个世界的丰富多彩，拓展我们的见识。同时要让孩子知道，我们是活在现实生活中的人，而不是虚拟世界中所谓的强者，要做现实生活中的自己。

要让孩子了解世界的多元性，方法也可以很多元：在经济条件允许的情况下，多带他们去旅行，看山看水，跟不同的人交流，多运动。让孩子知道网络是在现实中建立起来的，现实是主宰，网络只是辅助，不要主次颠倒。在生活中，我们必须处理矛盾、建立社交、应付人情世故，让孩子多接触现实世界，而不是只和电子产品建立单一的联系。

当一个人去网络世界寻找虚拟的存在感时，就证明他在生活中缺少真实的存在感。为了避免发生这种情况，在孩子接触网络之前，要让他在现实生活中得到充分的肯定，让他们知道父母是爱我的，朋友是喜欢我的，我在学校是受欢迎的。

3.4.3 时间规划很重要

网络不是家长的敌对阵营，只要使用得当，它会成为很好的育儿工具。例如，在孩子上网看电影、玩游戏时，加以时间限制和条约管理。不要让他们觉得上网是常态，而应该让他们认识到真实的生活才是常态。上网就像甜品，不可能只吃甜品不吃主食，只有吃了主食，才可以得到甜品奖励。

时间规划该如何做？比如孩子达到预期目标，就可以享受半个小时的上网娱乐时间。其间可以问问他们，这半小时你准备怎么利用呢？你想看什么呢？父母应该陪着孩子一起探索，帮助他们接触正面的网络信息。可以这么对孩子说："爸妈妈小时候没有网络，我们很羡慕你从小就能够了解和接触这么多的知识，所以我们也想弥补一下儿时的遗憾，让我们一起学习和了解这个世界吧。"

做好了时间规划，接着就该了解孩子们的兴趣点。当孩子沉迷于游戏而被指责时,他们可能会对家长说"你都不懂这些""你说的都是些什么呀""你凭什么来管我"等不屑的话。有些家长没有玩过甚至都没看过这个游戏的界面,就一概而论地说玩游戏不好,这种情况下,孩子是不会服气的。稍微了解一下孩子在做什么,他的乐趣点在哪,以此作为切入点去引导,孩子才会更愿意跟家长沟通。

网络中除了正面积极的内容,也存在暴力、黄色、阴暗、负面的内容,孩子还处在是非分辨不太清晰的阶段,家长需要帮助孩子正确认识网络,告诉他们网络上可能存在诈骗、色情等不利于身心健康发育的内容,帮助他们过滤筛选。

同时,让孩子多去户外运动和旅行,也是避免网瘾的很好方法。在此期间,他们会交到好朋友,找到自尊、自信,也有了发泄情绪的渠道,不再单一地依赖网络。

📍 3.4.4 用爱和包容让他们走出来

如果孩子已经出现了痴迷网络,且陷得很深的情况,那么打骂、没收手机电脑、禁止出门等做法都是不可取的。不尊重孩子的强硬做法相当于把他们推到了彻底对立的一边,孩子只会离父母越来越远,并且可能做出一些极端行为,造成恶劣后果。一定要将心态放平,要用爱、时间,还有包容让他们走出来。

家长应该找到导致孩子染上网瘾的原因,引导他们走出虚拟世界,将焦点放在现实中。偶尔可以鼓励孩子们上网学习一下,了解多元的知识和信息,但前提是家长要用大量的时间陪伴和管理,帮助他们筛选掉一些负面的信息。

希望大家能够花更多时间去陪伴家人,让沉迷网络的家庭成员在现实生活中感受到爱,找到存在感以及交朋友的乐趣和运动的乐趣。

第四章
言传身教做表率

初为父母,有时会感到孤独、无力;为人子女,有时会着急、茫然。这个时候,往往会希望有人给予专业指点,希望有榜样可以学习借鉴。

其实,这是一个有关家和家风的话题,在了解了关于家的概念、了解了家庭关系以及应该如何营造和睦的家庭关系后,困惑往往能得到有效解决。

百年修得同船渡,成家不易,如果把家人在一起看作是一场修行,那么,在这条修行的道路上,要共同携起手来,你我同行。

家庭氛围

扫一扫,听音频

4.1.1 共同经营家

一说到家,浮现在脑海里的,有时候是灯光,有时候是港湾。这是一个承载了你的抱怨和你一起面对困境的居所,这又是一个不管多晚都有一盏灯等你回来的地方。

每个人对家的理解都不一样,这和他们的阅历和经历有关。

年轻时打拼,觉得家就是学区房和豪华轿车。努力了很多年,到头来还是只有一间普通地段的小房子,你也许会有不平之意,但家人围坐,和和美美地吃上一日三餐。家人理解,出了任何问题一家人都会一起面对。有爱才有家,并不是有房子就有家。没有爱的房子,就只是空空荡荡的房子。

大爱小家,家有时候很脆弱,请珍惜它。

在外做讲座时,经常有人对我说,和父母特别是和母亲说话时,感觉没说什么重话,老母亲的眼泪哗啦哗啦地就掉下来了。实际上,并不是我们的父母敏感,而是自己说话时的态度,深深刺伤了父母。父母觉得你是敷衍,是怨怼,是缺乏彼此间的理解和尊重。所以,和家里老人说话时,不管有多忙,或者观点有多么正确,举的例子多么无懈可击,都要注意说话的方式,要尊重老人的感受。

我们在生活中有这样的言行举止,可能不觉得有什么问题,可是你会发现老人要的其实就是尊重和在乎而已。哪怕菜确实炒得咸了一点,也可以夸夸他们:"您今天这个菜比昨天炒得好多了啊,您的手艺越来越好了,要是能稍微淡一点那就更好了。"掌握了语言的艺术,你会发现老人会非常开心,他们其实要的并不多。

在父母眼里,已成为父母的我们永远都是孩子。可以让我们的父母不用那么辛苦,不用帮着带孩子,可以去旅游,去过自己的生活。到头来,你会发现父母仍会主动来帮你减轻负担,只为了让子女轻松一些、舒服一些,可怜天下父母心。

互相尊重，不是一句口号，而是要真正做到，互相把彼此放在心里最重要的位置上。

家庭氛围能够影响孩子的情商发育，孩子要养成高情商，必须经历多人格特质的熏陶，也就是说，孩子要学会跟各种不同性格的人相处。建议家长们在孩子还小的时候，一定要带他多认识不同性格的人，这样会方便孩子以后更好地融入学校、团体和社会中去。

总结一下，孩子情商的高低，重点在于家庭是否有营造高情商的环境，因为孩子是从家庭走向团体和社会的。想让孩子有高情商，首先要在家营造高情商的氛围，身为父母，有话好好说、互相爱慕、互相肯定、互相支持，在做人做事方面，给孩子树立榜样。

如果家庭教育做到位了，没有把孩子关在家里闭门造车，而是给孩子充分的机会去认知这个世界，比如组织家庭旅游见见祖国的大好河山，参加聚会给孩子介绍一些新的朋友，在托育机构提供的平台上和更多孩子在一起安全地互动玩耍，这些尝试，都可能让你的孩子将来在情商这条路上，走得更稳更高。当这样的孩子进入到幼儿园、校园和社会的时候，他对不同年龄、层次、性格特质的人都是不排斥的，因为他是一个高情商的孩子。

4.1.2 家庭氛围很重要

在孩子的成长过程中，不管是学习、生活还是工作，处处都离不开情商，孩子的学习差一些，技能差一些，都没有关系，但是孩子与人沟通的能力差一些，问题就来了，这样的孩子很可能无法交到朋友或者得到别人的支持。

如何提高孩子的情商？

家庭的因素很重要。所以，要提高孩子的情商，需从两个方面入手，一个是孩子本身，一个是家庭的氛围。

想一想，作为成年人的我们，是如何在家里说话的？在日常生活中，会不会发生类似的对话："我当初怎么会找你的？""我当时真是瞎了眼！""你怎么能这样对我？""你就不能安静一点！"在吵架中这些不经过大脑思考就从嘴巴里蹦出来的话语，实际上营造的是一种低情商的家庭氛围。这种现象实在是太真实和普遍了，几乎每个家庭都不可避免地存在。

孩子在家庭中长大，家庭的情商氛围影响着孩子的情商发育。孩子小的时候很单纯，就像复印机里的白纸，无时无刻不在复制和模仿着家里人的语言和行为，如果家庭的情商氛围和处理事情的方式出现了问题，是不可能培养出一个高情商的孩子的。他们会把自己从原生家庭里学到的为人处世的方法又带到自己以后的小家庭中去，以相同的方式对自己的孩子言传身教。这个恶性循环一直无限持续着。

孩子对待家庭的态度就是从父母的相处模式中学来的。如果你希望你的孩子将来和伴侣相处的过程中能好好说话，拥有高情商的话，为人父母要言传身教，如果当时真的很不高兴，可以和对方说："我现在很难受，我们先停一停，让我们互相冷静一下再讲话，好吗？"然后控制住自己的暴躁，等情绪平复后再去沟通。如果我们的家庭能够这样做，那么孩子就可能习得正确处理人际关系的高情商管理方法。

📍 4.1.3 言传身教做表率

在一般情况下，孩子没有办法改变父母，就像青春期的孩子同样不喜欢父母对自己指手画脚。不能改变，不代表不去抱怨。实际上，互相抱怨是没有意义的，也是一种低情商的表现。

和父母相处，高情商的孩子往往会这样认为：父母养育了我们，对我们有抚育之恩，他们并不完美，但人都不是完美的，我们作为年轻一代应该知道哪些是好的，哪些是不好的，只要注意规避掉不好的方面，传承好的方面就可以了。如果你的父母曾对你造成了伤害，千万不要因此去抱怨父母，也请一定要制止自己复制粘贴该行为,施用到下一代的身上。

我想跟大家分享一个发生在我父亲和我之间的故事。我父亲以前是一个国企的车间主任,后来晋升到了厂长,根据那时候的规定,可以分配给我们家一套2室2厅的房子。这在当时是一件很光荣的事情。我为我的父亲感到骄傲,以为马上就可以搬到大的新房子里去了。

然而,我父亲做了一个给我带来很深影响的决定。他提出:我们家不需要特别大的房子,也不用搬家,只是我们现在住的这栋楼有些年份了,设施陈旧,比如楼里的卫生间是公用的,有没有可能把我们这栋楼改造一下,特别是让每家每户都拥有一个独立的卫生间。厂级领导同意了我父亲的要求。

父亲的这个举动,赢得了住在同一幢楼里的邻居,其实也就是他的同事的一致拥护。父亲本来可以带着我们一家搬离这里,但他用本该属于我们的新房子,换来了整栋楼的改造升级。在当时还是小学生的我看来,父亲的做法很伟大。

可能当时我父亲都没觉得这件事情会对我造成什么影响,可能他只是在坚持做他自己认为对的事情,但这件事情却在我的心里生根发芽。等我长大了,有了自己的团队和公司,就会常常想起我父亲的榜样效应,这个教育对我来说太重要了。所以,家长的言传身教、为人处世就是对孩子最好的情商教育。

父母也经常会将自己的想法灌输给孩子：长大以后应该做什么，什么行业最吃香、最稳定，但其实，这些寄予孩子的期望，恰恰常常是自己未能完成的遗憾，于是，父母希望孩子可以替自己弥补。

孩子未能按照自己的期望成长，父母往往很失望，其实这是因为父母本身没有成长。如果父母不断学习、不断进步，知识面拓宽了，眼光长远了，格局变大了，那么他们就不会逼迫孩子完成自己的夙愿了。

最好的教育不是来自学校，也不是来自社会，而是来自父母的言传身教。

疫情期间，许多家庭发生了变化，有些家长表现出来颓废、退缩、埋怨，也有些家长勇于面对挫折，不但想办法减少负面影响，还另辟蹊径减轻压力，他们为孩子做出了很好的榜样。

无论是积极还是颓废，对于孩子来说都是家庭教育的一部分，只是有正面和负面之分而已。孩子就像父母的一面镜子，但很多家长没有意识到这点，只是将焦点放在孩子身上，责怪他们不好好学习，不上进、懒惰、拖拉。但如果能意识到孩子是自己的一面镜子时，是不是应该先让自己勤奋、积极、正面起来呢？孩子是家长的复印件，当原件出现问题时，复印件的缺陷不可避免。

假设一下，家长下班回家只顾着刷手机、打麻将，边玩边指责孩子贪玩不爱学习，孩子能听得进去吗？他们真的服气吗？相反，如果父母喜欢看书，关系和睦，在这种环境里成长的孩子哪怕成绩不太理想，也会很积极乐观。从家长的言行举止中，孩子学到了影响自己一生的东西。

很多人提倡和孩子共同成长，听起来很简单，要做到并不那么容易。

我们来设想一个场景，父母工作和社交的时候，忙得看不到人，回到家里不是看电视剧，就是打麻将、玩游戏，人懒洋洋的，但在孩子教育上一点不松懈，要求孩子去参加各种补习班，对孩子的成绩滑坡耿耿于怀，甚至挖苦数落。这样的"共同成长"，对孩子而言，肯定是童年的噩梦。

孩子就算明着不说，心里也一定会反问：你在干什么？孩子是用眼睛来学习的，父母做过什么、要做什么、会怎么做，孩子会自然而然地学习和照搬。

如果父母努力提升自己，不仅工作努力，在家庭的形象也健康阳光，那么展现在孩子面前的，就是正能量、积极的父母形象。孩子在潜移默化中就明白了，离开学校课堂，还是要认真学习的，就好像爸爸妈妈那样，即便不是工作时间，也还是积极强化着各种对工作有帮助的技能。

同样的，我们如何对待我们的父母，如何对待配偶的父母，孩子也都会看在眼里，很可能将来孩子成立自己的家庭后，就会把这些看到的都带到他的家庭里。所以，请一定要记得，如果我们希望孩子将来能幸福，首先就要营造一个和谐的家庭氛围。

这就是榜样的作用。我们对待生活的态度，对待家庭的态度，孩子全都看在眼里。所以说，孩子是父母的"影子"。

4.1.4 身份转换，明确定位

当妻子升级为母亲，不经意间，她会把绝大部分心思放在孩子身上，丈夫和双方父母也是如此，家庭的重心不可避免地偏移到孩子身上。此时，妻子可能会忽略丈夫的感受，比如为了方便，穿得随意甚至邋遢；因为照顾孩子很累，变得有点暴躁。如果丈夫对于妻子的外表很在意，那么可能会产生厌恶情绪。过去妻子都是围着自己转的，现在她的眼里只有孩子，丈夫难免会有心理落差。

婆媳关系也是影响亲密关系的关键因素。离开原生家庭，组建自己的小家庭,男方的身份不仅仅是孝顺的儿子,还是体贴的丈夫。可如果这两种身份产生了矛盾,就会对亲密关系产生非常大的影响。

夹在妻子和母亲当中,丈夫通常很为难。如果偏袒妻子,会被说"娶了媳妇忘了娘";如果维护母亲,又会遭到妻子的责骂。如果妻子并没有错,此时建议丈夫多维护妻子,因为只有小家庭稳固了,丈夫才有足够的精力与自己的母亲沟通。与母亲交流时,一定要予以足够的尊重,争取她的理解,但也要非常明确地表示:现在的家庭才是自己最终的归宿。

当然,丈夫也要告诉妻子,只有得到双方父母的爱和帮助,小家庭才能幸福和谐美满。与妻子一起跟长辈沟通,这才是正确的处理方式。

在亲子关系中,父亲和母亲的身份要非常明确。

对于孩子来说,要从父亲身上学到正义、勇敢、坚强、有担当,而从母亲身上学到宽容、关爱、温柔。父亲就是父亲,母亲就是母亲,互相替代不了。

如今有一个很普遍的社会现象,母亲一个人带孩子,又当爹又当妈,这就是通常所说的丈夫和父亲的角色缺失。

单方面吸收对孩子的成长明显不利。孩子无法从母亲身上学到男性的特质,特别是男孩,无法从母亲这里学会怎么做阳刚的男人。父亲长期不在家，不能陪伴女儿，女儿长大后，只要有男性稍微对她好一点，她就误以为这是爱，很容易早恋和迷失自己。

父亲在家中的位置举足轻重，他们除了在外赚钱，还有教育子女、爱护妻子、赡养老人等责任。如果父亲只专注于赚钱，不管不顾家庭成员，母亲被迫承担了父亲的其他职责，矛盾便产生了。

不少家庭都存在父亲位置缺失的问题。虽然这是可以理解的，由于经济压力大，为了维持家庭运转，父亲不得不辛勤工作，从而耗费大量时间和精力，他们无法很好地照顾妻子的情绪，也没有时间教育孩子、陪伴父母。

父亲位置上缺失的那一部分，总需要有人来弥补。隔代教育是常见的弥补方式之一。大家都知道，隔代教育没有父母教育来得好，这并非说爷爷奶奶、外公外婆不好，而是因为他们年纪大了，和孩子之间的隔代亲情让他们很难做到有规则、有目的地科学教育，更多的是宠爱甚至放纵溺爱。

第二种普遍的弥补方式就是母亲。很多人觉得，孩子的教育只跟妈妈有关，但坚强、勇敢、大度、理智思考等品质，更多是需要从父亲身上找到榜样。女性思维和男性思维不同，当母亲弥补了爸爸在教育上的缺失时，往往会很焦虑。缺失的父亲，焦虑的母亲，溺爱的爷爷奶奶、外公外婆，如果再遇到一些特殊情况，孩子势必会受到影响。所以想要保证家庭和谐，家庭成员的位置一定要摆正，每个人做好自己的分内事。

📍 4.1.5 男人是天，女人是地

《易经》中这么一段话，翻译成现代语言大约是这个意思：男人是天，女人是地。男人是给予方，天会下雨、下雪滋养大地；女人是承受方，地会承载山川河流，生长万物。

在亲密关系中，男性是家里的天，他们希望家人得到他的帮助，从而更幸福；而女性的天性是守护，把丈夫、孩子、老人照顾得井井有条。这样的家庭一定很和谐。

但为什么随着生活条件越来越好，人们的离婚率却越来越高呢？且越优秀的女性，离婚率越高。原来，这些成功女性的丈夫们觉得，妻子比自己强，他完全没有能力去照顾她。这时，丈夫的心里很不好受，即便他们很坦然地接受现状，也会被看成"吃软饭"。

有智慧的妻子，无论拥有多么辉煌的事业，只要回到家，就脱去了"精明能干"的外衣，她又变成了那个需要丈夫照顾的小女人。如果在家也非常强势，用盛气凌人的态度与家人说

话,觉得什么事丈夫都要听她的,那么很容易导致婚姻破裂。

　　成功的男人也会面临婚姻危机。丈夫在外忙着赚钱,无暇顾及家人,于是导致自己在家庭关系中角色缺失。对家人照顾不足,即使赚再多的钱,即便妻子再贤惠能干,这段亲密关系也维持不了多久。

　　两人在最开始建立亲密关系时,并不会把对方当作赚钱养家的工具。从妻子的角度来说,她有心理和生理上的需求,这些都是丈夫必须尽一切可能去满足的。如果只是单纯给妻子钱,那丈夫就沦为没有感情的提款机;而如果妻子过于强势,那么丈夫也会变成隐形人。无论是哪种情况,都是因为他们没有摆正自己在亲密关系中的位置。

　　亲密关系的定位中,换位思考非常重要。如果只站在自己的角度上考虑问题,想着丈夫就该赚钱养家,妻子就该在家里做饭带孩子,那么必定会出现很不堪的结果。

　　不要永远只想到自己的付出,也要多多体谅对方,了解对方的辛苦。

4.1.6 教育应该与时俱进

有些父母会和孩子说，以前自己如何如何，用20年甚至30年前的价值观和经验来教育孩子，这是很落后的表现。我们小时候没有电脑、手机和网络，而现在的孩子从出生就接触这些，双方的起点是不同的。社会进步太快了，教育也应该与时俱进，如果局限于以往的经验，那孩子就会输在起跑线上。

在教育孩子时，还有一点很忌讳，千万不要教条主义，千万别用长辈的身份去压孩子，这都是不好的行为。谁都不是完美的人，或多或少带有原生家庭受过的伤害，可能有时自己并没有意识到。为人父母后，还要将"完美"作为标准去要求孩子，很容易引起他们的反感。

不妨这样对孩子说："爸爸妈妈并不完美，我们也会犯错。万一我们做错了，你可以及时指出，我们一起正视、改正。只要是为你好，我们都能改变。"有了这样的沟通和表态方式，孩子就会为拥有开明的父母感到自豪。

做父母不难，难的是如何做好的父母。这一点没有谁天生就懂，都是通过不断学习来掌握提升的。作为家长，愿意花时间学习，将所学的东西应用到家庭教育中，孩子会获益匪浅。

说一百句让孩子好好学习的话，不如自己带头学习；想让孩子孝顺，不如自己先孝顺父母；想让孩子好好说话，就要正面沟通和交流。潜移默化间，孩子得到了很好的教育，这是做出来的，不是说出来的。

父母的成长，就是孩子最好的家教，说得再多都不如与时俱进的言传身教。我们看中的不是成功，而是成长。希望每个家庭都能积极向上，与时俱进，最终收获幸福。

📍 4.1.7 巩固经济基础

面对家庭经济状况出现的变化，首先应清楚地认清现实，与其消极抱怨，不如把压力变成动力。

好在大多数人有一个好习惯——储蓄，收入减少时，至少积蓄可以缓解暂时的压力。但我们也要思考一下，这些积蓄是固定存款还是分散投资？

近些年，关于某某理财产品暴雷、某某金融平台跑路的新闻经常见于报端。有些人急于赚钱，很容易被一些高利息的理财产品吸引，这类产品的投资回报率比银行利率高出数倍甚至十几倍，面对诱惑，一些人丧失了分辨能力，掏钱购买，最终血本无归。即便急切想赚钱，心态也要平稳，不要把鸡蛋放在同一个篮子里，可以将一部分资金存入银行，另一部分购买利率较高且信得过的理财产品。

理财计划对家庭来说很重要：家庭年收入有多少？每个月花在房贷、车贷上的费用是多少？孩子的学费是多少？医疗开销可能要多少？理顺了这些，才能让生活更有规划。

做家庭经济规划时，建议让孩子也参与进来，让他们对家庭的收支有所了解，使孩子懂得经营家庭的不易，同时也可以指导孩子为零花钱做一个规划。

此外，尽量不要在孩子面前表现出攀比行为，这样会让他们产生自卑感。在他们眼中，父母曾经是英雄，可是当他们发现父母赚的钱不如别人多时，或多或少会降低崇拜感。

眼红别人时，不如与另一半好好沟通一下。沟通必须是正面的，不是挖苦和讽刺。我们可以说：某某家又买房子了，我们可以想想用什么办法多赚钱。别人能做到，我们通过努力也可以做到。不恰当的沟通方式是造成经济压力的重要原因之一。丈夫遭遇降薪，因为觉得没面子，不好意思说。回家之后，妻子虽然感受到了他的不开心，却没有问原因。随后，因为一件小事，两人开始大吵起来。

家和万事兴。我们要将攀比变成正向的动力，努力将自己的家庭经营得有声有色，这样才有积极的意义。

既然是一家人，就应该卸下面子，因为家是一个互相体谅、互相包容的地方，可以很坦诚地告诉对方。如果发现另一半收入减少了，千万不要用讽刺、挖苦的口吻或话语去刺激对方，要让他感受到包容和理解。要告诉对方，不管发生什么事情，大家一起想办法，一起渡过难关。

希望大家能够接受转变，不去攀比，营造温馨的家庭氛围，与家人正向沟通，包容对方暂时的失落，全家一心面对困难，相信家庭会越来越幸福。

家长的觉醒:
幸福家庭心理课

夫妻关系

扫一扫,听音频

📍 4.2.1 接纳他的小缺点

"人"是一撇一捺,写尽人生哲理。"人"又是家庭最基本的组成单位,有人才有家。

一位老阿姨在儿子结婚前,问儿子:"孩子你就要结婚了,就要有自己的家庭了,但你有没有想过即将要和你一起组建家庭的人,她有什么优点,又有什么缺点?"老阿姨的儿子想了想,七七八八说了一些未婚妻的优缺点。老阿姨接着问儿子:"很多缺点可能一辈子都无法改变,甚至会变本加厉,你还能接受她吗？"

这一次，儿子思考的时间更长，最后说："我觉得可以接受，也愿意帮助她一起慢慢改变。"老阿姨又说："你不要想着去改变别人，有可能这些永远无法改变，结婚不是一个月或者一年，而是一辈子的事情，你要想清楚，能接受吗？"

儿子很用力地点点头："我决定和她在一起，我会接受的。"老阿姨说："婚姻不是看对方有哪些优点，而是你选择了她，就要包容她的缺点，互相依靠，互相支持，这样的婚姻才能更长久。"

这是老阿姨的生活智慧，她没有刻意去营造看起来没有矛盾的和谐氛围，而是提醒儿子婚姻生活中本就是处处有矛盾，可谓"步步惊心"，要懂得宽容，学会包容，这样爱才能长久，家和才能万事兴。

"包容"看上去是一个很简单的词，貌似很容易做到，但实际上并非如此。我们每个人都会有自己的底线和最不能接受的点，正是这些，伤害到了亲密关系。

人无完人，每个人身上都存在缺点，如果我们不接纳对方的缺点，只接受对方的优点，那么肯定会逐渐产生矛盾。包容就是不仅要看到伴侣好的一面，更要接纳对方不好的一面。

不要只被对方的美好迷惑，更要清楚地认识到，长久的相处需要个性的磨合，不然很可能会因为一个小缺点而关系终结。如果这个时候我们没有包容对方，只把自己放在第一位，处处看不惯，矛盾和裂痕就会越来越深。

无论是亲密关系还是亲子关系，矛盾、焦虑等负面情绪产生的根本原因，就是不接纳。可能伴侣就不爱洗袜子，就想回到家躺沙发上，就是习惯了做事很随意，他恰恰还觉得，家就是让自己放松的地方，累了一天，散漫一点很正常。而你偏偏特别爱干净，伴侣的随意，在你的眼中是绝对不能容忍的缺点。如果双方关注的点不一样，又不愿意相互包容，那么矛盾就很容易产生。

包容其实并不难。你希望对方怎么对你，你就怎么对他。家不是用来讲理的地方，而是讲爱的地方，爱的核心就是包容和付出。试想一下，如果在家动不动就讲道理，动不动就是你对我错，这个家还有什么存在的意义呢？我们期望在爱的环境里获得，但是我们更应该在爱的环境里付出，只要爱流动起来，包容就很容易做到。

4.2.2 赶走控制的心魔

接纳的反面是控制。不愿意包容对方，深层次的意思就是希望控制他。伴侣没有按照自己的喜好办事就不高兴,这就是一种控制,但是很多人觉察不到,总是无意识地以自己的标准要求对方。

这样的场景大家一定不陌生:妻子喜欢家里干干净净、一尘不染,丈夫却很懒散。用妻子的标准来衡量丈夫,就是散漫、不修边幅。妻子唠叨了几句,要丈夫干活,但丈夫很抗拒,双方站在自己立场上争辩,接下去就是无休止的争吵。表面上,妻子比较有道理,但在亲密关系中,妻子的语言和行为就是希望控制对方的一种表现。

小时候,我们经常会受到来自长辈的爱的控制,于是在潜意识里,我们会认为这就是爱的模式。离开原生家庭,组建自己的新家时,我们会把这种爱的模式一起带过去,于是,我们就会以爱的名义控制伴侣和孩子。

当控制变成常态后,你便会把自己的意志强加给对方,用道理甚至道德来压制对方,从而达到目的。此时,不但没有包容,反而还得寸进尺、咄咄逼人、得理不饶人。这会让另一半觉得压抑,想要逃跑。

如果不够包容,亲密关系就会出现问题。"明明是你错了,为什么还不承认呢?"很多人喜欢把这句话挂在嘴边,但这样往往什么都得不到,反而伤到对方,让亲密关系疏离。

有些智慧的丈夫会说:"当我在和太太争吵时,只要她一哭,不管我此前是对是错,现在都是我错。太太哭了,情绪很糟糕,何必为了一个道理去争吵、去伤她的心呢?太太开心才是最重要的。"

如果每对夫妻都能这样相处,就可能大事化小,小事化了,因为能感到对方的包容,所以矛盾得到了缓解。不管是谁,都需要被尊重、被呵护、被包容。除了一些有悖原则、触犯底线的事没法用包容来解决,家庭中的其他琐碎小事,都可以用包容的语气和态度,用拥抱或亲吻去化解的。

经常包容对方,就会慢慢放下心中的控制欲狂魔,当不再那么想控制别人时,其实也收获了自信。越自信,越不会去控制别人,反之,越没有安全感,反而越想控制。

这些说起来简单,做起来却不容易,因为需要时间,需要双方的磨合与适应。两个人一起尝试,说话时温和一些,学会接纳,自然而然就有能力和力量去包容对方了。

当包容成为一种习惯,对方就会感受到你的温和、宽厚,越来越离不开你。一旦遇到困难、痛苦、伤心事,他第一个想到的,就是你的包容与怀抱。

学会接纳,放下控制,大度包容,用爱包围彼此,让家变成一个有爱的能量场,一个永远甜蜜的地方。

4.2.3 夫妻和谐，是家庭关系的定海神针

处理家庭矛盾，得抓住核心关键点：经营好夫妻关系。譬如，婆媳关系不好导致的离婚，正是因为丈夫没能维持好与母亲之间、与妻子之间的平衡关系。如果丈夫一味地站在母亲这边，不断责怪妻子，妻子就觉得在家里没有地位，从而导致家庭核心关系破裂。如果丈夫可以以夫妻关系为核心，明白自己和妻子已经组成了新的家庭，并极力和母亲沟通，以此化解家庭矛盾，那么矛盾就不会大到无法调和。

还有另外一种情况。夫妻关系本来很好，但有了孩子之后，丈夫变得特别在乎孩子，忽略了妻子的感受，或是妻子将对丈夫的关心体贴全转移到了孩子身上，忽略了丈夫的感受，这也会导致家庭关系产生倾斜，并且让另一半有失落感和挫败感。这种状况一旦处理不好，就会产生家庭矛盾。夫妻和谐，才是家庭关系的定海神针。

4.2.4 维持魅力的秘诀

伴侣何时能感受到你的魅力？他很累时，你不说话，只是静静地陪伴；很沮丧时，你给予一个温暖的拥抱；遇到困难时，

你给到有用的建议和帮助。这个时候，你在对方心中的魅力值直线上升。

很多人有这样的疑惑，为什么两个人在刚刚认识时，相处得非常和谐融洽，但待久了之后，矛盾就会出现，隔阂也越来越深。当初的优点怎么就变成缺点了呢？

其实这是因为双方刚开始相处时，还有一定的安全距离。我们看不到对方的本质，只被外在的美好迷惑。相处越久，关系越亲密，我们就会发现原来对方并没有之前想得那么好，各自的缺点也逐渐暴露。亲密关系中美好的一面慢慢消失，此刻如果不好好化解，矛盾就应运而生。

关于亲密关系，有一个经典的词语叫"七年之痒"。就是说两人相处七年之后，会出现很多矛盾，甚至导致危机。当初爱得死去活来的两个人，为什么会随着时间推移而变得冷漠了呢？

这里便引申出一个概念——进步。互相吸引的原因，是因为两个人的谈吐、意识、思维等处于相同的水平线上。而在亲密关系中，一方不停进步，另一方却原地不动甚至退后，那七年后两人间的差距就越来越大。

社会是残酷的。一开始夫妻关系非常好，可是妻子为了家庭牺牲了自己的事业，甘愿在家相夫教子，丈夫则在外努力打拼。随着时间推移,丈夫接触到的信息、建立的人脉越来越多,积累了很多社会资源和实战经验,妻子却丢失了接触社会的机会。表面上看,这样的家庭温馨和谐,但七年后,丈夫的思维和之前大不一样,妻子却始终没有进步,此时,妻子对久经磨炼的丈夫来说,自然已没有魅力。

所以,如果想真正吸引对方,一定要保证自己在不断地提升和进步,而且与伴侣共同进步。只有感觉每天都是崭新的,才会散发无限魅力。

夫妻双方都在不断进步,也创造了很多价值,拥有了一定的社会地位,但为什么他们的亲密关系最终还是出现了裂痕呢?

由此又引申出亲密关系中的另一个关键词:平和。一方一个劲地往前冲,不顾及另一方的感受,也不为家庭付出,虽然得到了社会的认可,但会让另一半觉得落差特别大,两人之间的距离越来越远。当对方觉得自己配不上你时,问题也随即出现。

亲密关系之间要保持一定的平衡度,无论什么方面都不要太过。当对方特别优秀时,自己不能停滞不前;当自己优秀时,一定要顾及对方的感受,帮助他一起成长,而不是对另一半冷言冷语,破坏平衡关系。

我们不如反思一下,是否在家中不停地抱怨伴侣,觉得他不如别人好,从而给他造成极大的心理压力?

如果经常这样质问、诋毁对方,那么在伴侣的眼里,你没有一丝魅力,甚至连最基本的形象都没有。不管你有多么优秀,你对伴侣的吸引力已经降为零。

📍 4.2.5 如何提升魅力

在亲密关系里如何提升魅力值?最好的方法就是赞美。因为当你去表扬、肯定对方时,他的心里一定很开心。

发微信表扬或者当面表扬都是很好的方法,更可以在对方的亲戚朋友面前表扬。即便伴侣只是做了一件很小的事,也可以夸大地表扬一下,这样就会让伴侣觉得,自己做的每一件事都被你记在心里。于是,在他的眼中,你的魅力值直线上升。

当然,提升魅力值也离不开仪容仪表、气质谈吐等,保持积极向上的乐观态度,把自己打扮得干净大方、清清爽爽,不要让自己看上去那么平庸。不要觉得因为与伴侣相处久了就能无所谓,一定要有所谓。大家都是饮食男女,对外表还是非常在意的。

魅力值的提升其实与距离感也有关系。两个人在一起的时间长了,安全距离基本为零,彼此太过了解,在生活中非常不注重细节，例如，上洗手间不关门等。久而久之，两人之间会因为神秘感消失，关系也会变得冷淡。

所以伴侣间可以有一次短暂分离，即使一直在一起，也要有自己的空间、自己的事业和人际关系，同时让伴侣足够放心，这时你的魅力值又提升了。

当你爱他、尊重他、包容他、理解他、陪伴他、欣赏他，你便充满魅力；当你怀疑他、质疑他、诋毁他、侮辱他，你的魅力值则完全丧失。

同时，想对无数在外打拼的丈夫们说，你们努力的最终目的，就是为了让自己的妻儿过得更开心、更幸福。然而，你把所有的时间、好脾气和精力都花在家庭以外，把坏情绪发泄在家人身上，如此一来，家人又怎么会开心幸福呢？

亲密关系需要经营。无论在社会上多优秀、多辉煌，回到家后，请把高高在上的身份暂时放一放。在家里，你只是一个包容妻子的好丈夫、爱护孩子的好爸爸。这样，一家人才会相亲相爱。

4.2.6 如何巩固亲密关系

如何去巩固亲密关系？首先，双方一定要同频率进步，不能一方在外努力打拼,另一方在家坐享其成,不和社会接轨。

人性是很现实也是不可控的,每个人都会随着环境、时间、社交圈而不断变化。如果自己一成不变,对方却一直在进步,而你还用责任和道德的理由来捆绑伴侣,那么只会让他越来越难受。

如果伴侣决意要离开,那么他会给出许多理由,甚至撒谎,这也是一次次伤害。即使他提供了许多物质上的补偿,但心早已远离,所以,用责任和道德来捆绑住对方已没有丝毫意义,这段亲密关系也没有继续走下去的必要。

所以,时刻要警醒自己,要经常发现彼此身上的新鲜感。自己脱离社会、蓬头垢面,不注重形象,却又要求在外打拼、不断进步的人一直爱你,这本身就是矛盾的。

就算因为各种原因只能留守在家,也要经常出去走走,不要与社会脱轨。可以把自己打扮得漂亮一些,不管上班与否,也不管有没有社交,至少要保证仪容整洁,状态积极向上。

不少女性结婚之后,突然发现自己的朋友越来越少,生活中除了丈夫就是孩子,只能在丈夫回家后,与他唠叨唠叨些家庭琐事。她们发现,这些话的倾诉对象除了丈夫外别无他人,但如果丈夫对此不耐烦,她们就会很难过。

建立了亲密关系之后,有些人渐渐和朋友、和之前的社交圈远离，转而以家庭为中心，这是人之常态。然而，朋友是必不可少的社交对象，不要因为有了小家庭就忽略了与朋友的交往。即便拥有了美好的家庭，也要有一些知心朋友。朋友间的倾诉可以让你精神放松，从而转移压在另一半身上的压力。

注意，不要交那些成天只会抱怨的朋友，聊天的内容不要只局限于吐槽伴侣和家人。充满负能量的朋友会让我们丧失积极的心态。理想的朋友不仅要给彼此安慰，也能给我们提供一些建设性的意见。家庭固然很重要，但还是要给自己留一点时间，独自或和朋友一起旅行、看电影。不用太频繁，一个月一次或一年有几次即可，回归单身时的状态，重新审视一下自己的生活。鼓励伴侣也做一些自己喜欢的事情，越给他空间和时间，他就越能感受到你的信任。

有句话说得很有道理：两个人在一起，并不是1+1=2，而是0.5+0.5=1。既然选择与对方建立亲密关系，就应该去掉一半的自己，比如任性和坏脾气等，努力与另一半融合。对方也是同理。两个人最终成为1，这段感情才会长久。

语言艺术

扫一扫,听音频

📍 4.3.1 好好说话的方法

到底怎样才能好好说话呢?其实很简单:由己及人。喜欢听什么样的话,就说什么样的话,不能自己喜欢一套,说出来又是一套。想得到什么就要先付出什么,想得到对方的肯定,首先要学会肯定对方;想得到对方的赞美,首先要学会赞美对方;想得到对方的爱,首先需要去爱对方。要站在主动的位置,让对方看到自己的能力和魅力,对方便会开心地做出回应,这样就成了正向交流。

确实,两个人相处的时间最多几十年,选择对方就是为了让自己开心,让自己有依靠。我们选择彼此是为了爱,而不是为了矛盾和争吵。嘴上的一时之快其实得不到什么正向结果,反而会让对方逐渐远离、变得冷漠,结果两败俱伤。

学会好好说话,可以从表达开始练习,把心里所想的好好说出来。例如"我很欣赏你""我觉得你在某些方面做得非常好""这个家因为有了你才会有今天""我很幸运能找到你"等等。

有些人可能会觉得羞于启齿,或暂时改不了说话的习惯。不妨一天先说1—2次,再增加到2—3次,慢慢递增,先从赞美、肯定和表扬开始。一旦自己的语言和行为发生变化,另一半一定也会跟着变化。一开始伴侣可能会不习惯,但时间久了,他的心里就会很舒服,也一定会愿意为了你去改变。夫妻关系融洽,最大的受益者就是孩子,他们能从你们的对话中,吸收正能量。

如果你是个幽默的人,请多跟伴侣开开玩笑,说些逗他开心的话。笑一笑,很多矛盾都解决了。当对方生气不说话时,你也可以逗一逗他,这样就能让对方觉得你很在乎他。

保持恋爱时期的语言沟通模式,有话好好说、慢慢说,多一点崇拜,多一点爱,多一点对彼此的吸引,让家庭生活甜甜蜜蜜。

4.3.2 伴侣间也要好好说话

关系越亲密的人，越不愿意向对方说出道歉的话。一方明知道自己错了，却理所当然地觉得，我们关系亲近，有什么好道歉的？可另一方则觉得，你明明做错了事，为什么不道歉呢？

这和人与人之间的安全距离有关。陌生人之间都会保持一定的安全距离，说话、做事谨慎小心，对待彼此彬彬有礼。但当安全距离缩短，甚至零距离时，我们说话做事就会随意很多。

有一句话叫"枕边无英雄"。即便伴侣在外是有头有脸的风云人物，可是只要同床共枕，你就不会像外人那样，被他身上闪耀的光环迷住。你知道他很多不为人知的缺点，在你眼里，他只是一个普通人。

没有了安全距离，矛盾也容易产生。说话做事不注意细节、不在乎对方感受，越亲密，发生矛盾的可能性反而会越大。

化解亲密关系中的矛盾，态度十分重要。当事人的态度决定了矛盾的走向，是慢慢和解，还是纠结在心里甚至不断激化？当矛盾产生时，我们应该用真诚的态度去面对。如果对方的态度很好，哪怕矛盾导致了心里不舒服，也会被这份诚意打动。反之，如果对方态度恶劣，那么大战一触即发。

夫妻相处，需要用情商而不是用智商。如果只讲究智商，对就是对，错就是错，那矛盾会更激烈。而情商却可以让矛盾消除，至少是暂时停息。

📍 4.3.3 要赞美不要挖苦

在亲密关系中，表达也很重要。你是在表达爱，还是用实际行动付出爱，或是只享受对方给予自己的爱？这点值得好好思考一下。

我们确实会用很多实际行动来表达爱，但明确地用言语去说爱，也非常重要。勇敢地说出你爱他、在乎他、依赖他、需要他，而且要经常说，不能自己闭口不提，却又希望对方自己感悟。很多时候对方就算能明白，也还是喜欢听到直白的表达，所以我们要勇敢大声地说出来。

亲密关系中很多人明明互相爱着，却因为言语和表达上的问题导致误解，影响相互之间的感情。我们要学会跟对方好好沟通，让对方接受并感觉到你的爱。

回想一下，我们的父母间是如何沟通的？是互相表达爱意和赞美，还是指责、挖苦和讽刺？童年时期受到原生家庭的影响，逐渐养成的语言习惯，会被不知不觉地带到今后的生活中。如果从小在家中听到很多赞美和鼓励，孩子自然觉得在亲密关系中表达这些很正常，这时的语言模式是正向的；如果在学习语言的过程中听到的都是不好的话，那么孩子就会默认这是正常的语言模式，反而觉得动听的语言很肉麻。

我们明明爱着对方，但为什么说出的话却带有那么多贬低、刺激和挖苦的含义呢？你是希望他被你贬得一文不值，还是希望他能成为闪耀着光芒的英雄？

人人都要面子，过多的指责和反问只会让他觉得，在你心里他没有丝毫地位。于是，他也会反问："我这么不好，你还跟我在一起干什么？"

举一个小例子：朋友最近创业成功，家庭条件得到改善。此刻，有些人见状可能会这么对自己的伴侣说："你为什么不能学学别人赚那么多钱，为我买车买房？为什么我们还得租房子？为什么我们就没别人过得好？"

其实你是出于好心，只是想激励伴侣发愤图强，努力改善家庭条件，但这种话会让伴侣产生挫败感、羞辱感。而当伴侣表现出不耐烦时，你更会觉得，不会赚钱就算了，怎么连说都说不得了。

如果换个方式说话，就会产生不同效果："小张现在过得不错，他们曾经也和我们一样，无非是比我们更努力，更愿意突破自己而已。我们还年轻,有很多机会,他能做到的,我们也可以做到。我觉得你一点都不比小张差,甚至在某些方面还比他优秀,你只是缺了一些时间和机会。不如让我们一起努力,将来我们也能过得很好,甚至超越小张。"

如果听到这些话,伴侣的心里就会很舒服。你的每句话都是肯定和鼓励,还帮他找到了暂时没有成功的原因,他能感受到你与他心连心,于是,他便愿意为了你去努力。

有部电影叫《撒娇女人最好命》,其实还是有道理的。因为男性有照顾弱小、保护弱小的天性,那么作为女性,你有没有给对方照顾自己的机会呢?

生活中时常会出现这样的情况:妻子非常优秀,不仅漂亮、能干、事业有成,而且把家打理得井井有条。然而,丈夫居然出轨,找了一个很普通的女人。

出现这种情况,很大一部分原因在于妻子过于强势。如果妻子总是以挖苦、讽刺对待自己的另一半,丈夫就会调转枪头,在外寻找一个善解人意、小鸟依人的第三者,因为他在第三者面前才觉得自己是英雄。

不少人还会这样认为,自己说话直来直去,虽然话不太好听,却很在理。其实说话是一门艺术,即便有理,也不能单刀直入,结果把对方搞得遍体鳞伤。顾及对方的颜面很重要,一旦颜面受损，说什么都是无理、无用的。越是亲密的人越在乎颜面。关系亲近并不意味着什么都可以乱说，否则怎么会有那么多矛盾和争吵呢？有时往往就是因为一句话伤到了对方的自尊心，触犯了他的底线，从而引发一发不可收拾的矛盾。

其实，亲密关系中的沟通技巧并不难，就是多说赞美的话、肯定的话、鼓励的话、让对方爱你的话。我们都是可以好好说话的人，只是心态的改变让我们没有将"好好说话"看得那么重要。不妨从现在起，和伴侣一起朝着这一方面努力吧。

📍 4.3.4 道歉的艺术

当然，情商不能解决一切。当矛盾真正产生时，还有一个非常好用的方法：道歉。

在亲密关系中，道歉似乎是一种非常难的行为。我们不愿意道歉，也可以说我们不知道怎么道歉，甚至还有一种情况，越道歉，事情越严重。

女性和男性的思维模式不同。以下的场景是不是很熟悉：妻子问丈夫："你错了吗？"丈夫说："我错了。"妻子追问："你错在什么地方？"丈夫回答不出，只能说："哎呀你烦死了！我都承认错了，你还问我错在什么地方，真是太得寸进尺了！"妻子没好气地说:"你看你哪里像是知道错的样子?你根本就没诚意,是在敷衍我!"丈夫被逼得没办法了,转而沉默,但是越不说话,妻子越生气。这样的道歉不但没有用,还会造成二次伤害。

只有真正意识到自己的错误时,道歉才能真诚,上述逼问的方式,其实只是在发泄自己的情绪。

那么遇到类似情况,我们该怎么办呢?建议应适时表达当下的情绪和感受。比如"你今天做的这件事情让我很难过""我觉得你这样做让我非常不能理解""我的心里很不舒服,希望你能给我一个解释"等。如果对方已经很难受,或心情不舒畅了,千万不要用简单的"我错了"来应付,因为对方在乎的是你的态度,以及对他的感受是否有共情。

不妨这么说:"对不起,这件事情我没想到会这样。""不好意思,让你难受不开心了。""我下次一定不会这么做了。"

男性通常会用行动去表示道歉。例如,从来都不过问今天吃什么的丈夫,因为惹妻子不开心了,下班悄悄带回几个好菜。吃完饭,他主动去厨房洗水果,顺带扫地、洗碗。对这样的示弱行为,妻子一定要宽宏大量,不要再斤斤计较,逼着丈夫说出那句"对不起"。

有些人从来不道歉,即使在某些方面有所妥协,也绝不承认自己有错。有些人偶尔会道歉,但只是点到为止,一句道歉要搭配一大堆理由,让人感觉他其实很委屈。还有些人的确会道歉,但是道歉后立马要求对方原谅,否则就认为是对方有问题,这其实是另一个层次的控制欲。以上三种情况都不是真正意义上的道歉。

想要掌握道歉的艺术,首先要了解什么是道歉,怎么做才是真正的道歉。

亲密关系中想要得到道歉的一方最看重态度,如果没有诚意,只是为了暂时的和平去道歉,对方是能感受到的,而且心里也会不舒服。一位丈夫说,只要妻子不高兴,即便自己没做错什么,他也会先道歉。这位丈夫始终将妻子的感受放在第一位,所以,妻子也能觉察到他的诚意与温暖。

那怎样的道歉方式才能抚平对方心中的伤痕呢?

首先,不要为了事情本身,而要为了对方的感受去道歉。亲密关系中的对与错并不重要,重要的是别让伴侣伤心、难过。所以,我们要为对方的感受去道歉。

首先把彼此的感受拉到同一条水平线上,用同理心让对方觉得你是在乎他的。我们可以说:"不好意思,我刚才的话和行为让你很不舒服,如果你难受,我也会不高兴。"

道歉时,我们常会花大把的时间去计较对错,而忽视对方的感受，这样只会让双方的情绪越来越激动。如果先缓和对方的情绪，再去解决问题，这样的道歉就会非常有效，对方觉得你很在乎他，愿意听你说话，沟通才会越来越顺畅。

📍 4.3.5 道歉并不代表输了

很多时候我们觉得，道歉就是承认自己错了，道歉就代表我输了，所以绝对不道歉。当把道歉定义为"我错了""我输了""我服软了"时，就真的很难说出口。

亲密关系中主动道歉的一方，并不代表他一定是错的，反而是爱的表现。因为在乎，所以才会主动道歉，一句"对不起"，反过来可以翻译为"我爱你"。如果都这样想，矛盾会不会更少一点，关系会不会更甜蜜一点？

成年人的世界哪有绝对的对与错、是与非呢？如果我们把道歉的意义转化为"我比你的思想境界高一层""我更在乎你""我更愿意包容和照顾你"，这样是不是很容易说出道歉了？这样不仅解决了问题，对方还看到了你善良、包容、温柔的一面。

如果真的做了违背原则性的事，例如出轨、背叛等，那就不是道歉能解决的问题了，这个时候，道歉已没有意义，因此也不在这一章所讨论的话题范畴之内。

亲密关系中，一定要因为在乎而去道歉，而接受道歉的一方也不要那么计较和敏感，用逼迫的方式寻求道歉。家不是一个分辨输赢的地方，如果逼着伴侣道歉，而对方又不肯道歉，那么双方的感情就会受到伤害。有些人虽然嘴上不道歉，但也会做出一些行为来弥补，比如早上主动做早餐，下班做饭或陪孩子玩等平常不太做的事，这就代表他已经意识到自己做错了，但又拉不下脸来表达。这样的实际行动有时比言语更重要。

如果一个道歉需要 10 分钟，那么我们可以花 6 分钟去舒缓对方的情绪，再花 4 分钟一起分析问题和自我反省。

多说一些"谢谢你""我爱你"，少一点"对不起"。彼此相爱，彼此包容，相互理解，这些才是亲密关系牢固的秘诀。

家不是讲道理的地方，而是讲爱的地方。不要把家庭错当作法庭，非要用证据证明对方有罪，希望对方承认错误向自己道歉，而是要尝试着理解、包容、接纳对方。即使受点委屈又会如何呢？那是我们爱的家人，没有必要争对错，不然往往占了理，却得不到情。

道歉并不是处理家庭矛盾的唯一途径，却也是不可或缺的。如果是真心道歉还好，如果对方是迫于压力或者不想再纠缠此事而道歉，那结果往往适得其反。还有人会想，我们都是一家人了，有什么好道歉的？只要时间长了，事情就过去了。其实并不如此。家庭是你愿意为了我付出，我愿意包容你，你爱我我也爱你，我们共同营造和谐氛围的地方。

家长的觉醒：
幸福家庭心理课

处理矛盾和背叛

扫一扫，听音频

📍 4.4.1 矛盾不是贬义词

亲密关系中，还要学会怎么看待矛盾。人人都不希望有矛盾，但矛盾未必都是坏事，它会让我们知道彼此的底线在哪里，也许只有矛盾产生时，我们才有机会了解对方。

不要把矛盾当作贬义词，它只是一种客观存在。矛盾产生时，采取的态度才是最重要的。矛盾产生了，应该去正视、去面对，用高情商去化解，在处理矛盾的过程中，我们要做让对方刮目相看的人，这个可能才是矛盾存在的意义。

如果矛盾让你沮丧、争吵、摔东西，那伴侣便会对你产生厌恶。而如果让他看到你在处理矛盾时表现出的智慧、幽默和大度，那么矛盾说不定还会成为亲密关系的催化剂。

在亲密关系中，双方都要不断提升自我，努力将矛盾当作润滑剂而不是绊脚石。希望每一次矛盾的产生，都能让我们更爱彼此，看到对方优秀的一面，进而相互点赞。

一位脑科学专家讲过这么一个有趣的案例：

男性和女性在指路时的思维模式完全不同。问男性如何去一个地方，他很可能会说："直走 300 米，左拐再走 400 米，在下一个街口右转的东南方向会看到一个标牌，标牌下面就是你要去的地方。"女性则可能会说："看到前面那栋红色的房子没有？房子旁边有个花坛，花坛对面有个肯德基，肯德基旁边有个一闪一闪的蓝色牌子，那就是你要找的地方。"

有些人经常吐槽这样的情况：夫妻两人吵架之后，丈夫一会儿便呼呼大睡，妻子却难过地翻来覆去，心里想着："你看！真是一点都不在乎我，我这么不高兴，他还睡得着！"

因为大脑构造不同，所以男女双方对矛盾的处理方式自然不同。当知道了这个道理后，如果还在为这些小事生气，就是不智慧的表现。只要对方态度端正，表现出小小的进步，那么就"大人有大量"地原谅他吧。

4.4.2 别让第三者有机可乘

婚姻是需要维护和经营的。谁都不希望遇到背叛,背叛是对方给你的感情伤害,更是不认同,但它却在亲密关系中一而再,再而三地出现,这是为什么呢?

背叛产生的一个重要原因,是亲密关系中双方没有一起同频进步,这样一方的魅力值下降,另一方对感情失去信心。

人人都痛恨第三者,认为破坏家庭的第三者道德败坏。但是我们也需要反思一下,为什么第三者会有机可乘?他们甚至还拥有让曾经相爱的两个人分开的力量。如果伴侣间的感情十分牢固,第三者又怎么可能介入呢?会不会是我们自己给了第三者机会呢?

在亲密关系建立的初期,我们会想方设法做一些很温情的事,让对方感觉到甜蜜幸福,让对方更爱自己。一旦在一起久了,两人已非常熟悉,于是就不会再想给对方惊喜,也忽略了仪式感,生活慢慢趋于平淡。准时上下班,天天忙家务,日常生活的中心就是孩子,二人世界已变得不那么重要,激情和美好也越走越远。

也许很多人会说,平平淡淡才是真。这句话的确没错,可问题是,平平淡淡使得双方的吸引力和魅力值持续下降。这时，如果对方的世界里突然出现一个热情、新鲜，对他嘘寒问暖、关怀备至的人，那他很容易被这股新鲜感吸引。

很多人一旦发现对方确实有了背叛行为，就会大吵大闹，甚至做出极端的行为。表面上看，这些行为很解气，实际上，这对亲密关系的维持非常不利。

虽然对方出现了背叛行为，但还是要给他和自己的关系留有一定余地，这其实也是给双方一个机会。很多人会觉得，自己受委屈了，被欺负了，感情受到了伤害，但我们也要非常理智地认识到，正是因为感情出现了问题，伴侣才会远离你，做出背叛亲密关系的事。

所以，首先要从自己身上找原因。如果你还想挽回这段出现裂痕的亲密关系，就不要把事情做得太绝，否则，亲密关系将会彻底破裂。

📍 4.4.3 用智慧化解背叛危机

如何用智慧来化解背叛的危机呢？

生活中，不少人会不自觉地翻看伴侣的手机，想探究对方到底隐藏了什么秘密。翻手机代表的是不信任，如果真的看到了什么，会导致不高兴；如果什么都没看到，也还是会不相信对方。所以，不到万不得已，千万不要这么做。信任对方，给彼此一点自己的时间和空间。

如果遇到不珍惜和伤害你的人，请不要纠结于这段消耗自己的关系。首先，反省一下自己有没有做得足够好，有没有努力过，如果已经尽力却仍然维系不了这段亲密关系的话，其实也不是什么坏事。人的生命很短暂，要把宝贵的生命用在积极有意义的事情上，努力工作，爱自己的家人朋友，不要因为他人自暴自弃，也不要仗着他人对自己的爱而任性妄为。亲密关系里人人平等。

希望每个人都能成为"大人有大量"的强者，做付出的一方，做原谅和包容的一方，积极乐观地相信世界上一定有真爱，世间的好一定多于坏，充满阳光的地方总是比黑暗的地方多。无论我们遭遇过什么，还是要相信美好。

如果真的发现了背叛的苗头和事实，同时还想继续维持这段亲密关系，那么在最初的时候先不要点破，给对方留一点余地和面子，为他留一盏回家的灯。要让伴侣知道，你已经觉察到了他的背叛，但是还在给他机会。如此一来，伴侣会产生歉意，可能就不会那么决绝地离开。与其大吵大闹，倒不如让对方看到你的好。

有人会问："如果我什么都不做，那不是给他机会,纵容他的背叛吗?"换个角度想一想,如果对方已经背叛了你,吵闹也只是发泄情绪而已,而你将自己最不堪的一面暴露出来,事情也会因此越来越糟糕。

如何冷静地处理这段即将破裂的关系,这需要有极大的智慧、忍耐力和宽容心。当我们跟爱人建立亲密关系时,要非常理智地告诉自己,这段关系是需要两个人一起去努力、去付出,共同用智慧去经营和巩固的。开头很好,过程更要巩固,这样才会天长地久,白头到老。

家长的觉醒：
幸福家庭心理课

家校关系

扫一扫，听音频

📍 4.5.1 学校与家庭相结合

有位妈妈说，28个月大的孩子只要一看到自己不高兴，就会乖乖不说话，非常懂事。然而，这所谓的"懂事"真的是好事吗？3岁之前的孩子应该很天真烂漫活泼，有直言不讳的个性。这个孩子到底遭遇了什么，才会变得那么在乎对方的感受呢？我觉得这是没有自我的表现。

喜欢用填满式教育方法的家长，不允许孩子顶嘴、反驳、挑战自己的权威。他们常说："我吃的盐比你吃的米还要多，所以你要听我的。"

如果用点燃的方式去教育孩子,家长则更在意孩子的感受。他们可能会用这种启发式的问题来与孩子沟通:"宝贝,你看到了什么?宝贝,这件事情你是怎么想的?如果这个事情发生在咱们家,你会怎么办?"

所以,合格的父母应该是教练,而不是教授,不是直接告诉孩子怎么做,而是引导他们怎么去思考、观察、分析,最后让孩子自己找到答案,培养独立思考的能力。

在中国的学校中,老师不喜欢、不希望孩子有太多想法,因为这样不利于学校的考核。家庭和学校的教育应该互补,当孩子在学校觉得压抑时,家长就该告诉孩子,作为父母,在乎的是他成长的过程,孩子便能拥有更好的心态,知道家人懂得自己。

作为孩子的父母,在家中我们可以培养孩子积极的心态,将学校和家庭教育结合起来,如此,他们的心理和生理才会更健康。

孩子和老师的相处之道,其实也是父母和老师的相处之道。作为父母,不要坐等老师找上门,有必要主动和老师打交道,去沟通。这样老师才能对孩子的性格、家庭、教育,有更深入的了解,遇到一些突发事件时,才不会仅根据一些浮于表面的情况,做出片面判断。我们的孩子也能得到更正确、更公平的对待。

有时候，老师会觉得这家孩子的父母很难沟通，造成沟通障碍的往往是父母的价值观和对待事情的态度。老师往往会对不讲道理或者教育观不佳的父母，束手无策，因为没办法沟通，这样就会造成老师对孩子不待见甚至误解。如果父母沟通能力强、讲道理、育儿观够好，哪怕孩子在学校出现一些问题，老师也会从积极的方向去对待孩子。这是因为父母的行为给孩子加分了。

师生关系是孩子的人际交往中第一个非常敏锐和敏感的关系，这将决定孩子未来在社会上和朋友、领导、同事如何相处。人们往往对尊卑观念非常敏锐，这种敏锐的开端便是师生关系。所以，我们要帮助孩子建立正确、良好并且能保护好自己的师生关系，这是为人父母的责任。

第一，不让孩子盲目去听从老师的话，在知识上要敬重老师，在人格上要保持自尊自爱。如果老师有殴打、辱骂、体罚或更严重的行为时，我们要告诉孩子可以选择不听老师的，并且一定要第一时间把情况告诉家里人。

第二，在家长和老师的相处模式上，我希望是以尊重为前提，相信、体谅、宽容老师，拜托老师好好照顾我们的孩子。

第三，当孩子在学校出现问题后，不要盲目地只听信老师的一面之词，一定要多沟通，多听孩子讲，了解问题发生的背后动机。

第四,提前就跟老师建立一定程度的联系,不要只有在发生问题时才急匆匆赶到学校去和老师沟通。

衷心希望家长们能够认真地对待师生关系,更希望通过老师真诚地传道授业解惑,帮助孩子更好地成长。

4.5.2 家长的沟通压力

家长和老师之间也存在沟通压力。比如,老师让某个家长来学校一次,根据惯性思维,家长可能会想:老师找家长一定不会是好事,是不是孩子在学校犯事了?有些家长还会想,是不是老师在暗示我送礼?如果不送礼,老师会不会故意针对我的孩子?

在沟通压力上,家长都不能正确面对,又遑论对孩子做出正确的引导。互相不信任的沟通,一定是无效的,如果我们认定了是孩子做错事,无论孩子怎么说,我们都会认为他在狡辩;如果我们认定老师针对我们的孩子,无论老师怎么说,我们都会认为老师是在区别对待。

我的建议是,要释放沟通压力,就要换位思考,信任对方,不要先入为主地下定义。就像法官判案,法官不会因为嫌疑人长得像坏人就给他定罪,那样再怎么判断都是不公平的。即使判他有罪,也要拿出证据来,至少要让嫌疑人有机会去解释或说明作案动机。

孩子在学校里的沟通压力其实来源于家庭里的沟通压力。作为父母，我们首先要教孩子如何正能量、积极地与他人沟通。我很欣赏这样一句话，有点拗口，但说到了点子上：理解别人，更要理解别人对你的不理解。

理解别人很简单，但是理解别人对你的不理解，真正要做到，其实很难。

总而言之，沟通压力的产生一定是家庭对孩子的沟通首先出现了问题，孩子没有学到正确沟通的方式。与家里人沟通，哪怕说错话或者语气不太好还可能被原谅，但是孩子若用相同的沟通方式去和家人以外的人说话，武断地下结论，别人就未必会理解和包容了。在学校一旦产生沟通压力，会直接影响到孩子的学习成绩和人际交往。

4.5.3 常怀感恩之心

小时候常听爸爸妈妈教导我们：在学校要听老师的话，老师说做什么就做什么，不要顶嘴和反抗老师的命令。但在新闻报道，甚至身边，我们还是可以看到师生之间的矛盾、冲突甚至是伤害。那么，作为父母的我们，以及作为学生的孩子，该如何和老师相处？

我首先想说的，是尊重。尊重有多层次意思，并不仅仅是语言上尊重老师，或者不忤逆、不顶嘴就叫尊重，这是浅层次、流于表面的。我说的尊重，是孩子要有一颗感恩的心。父母确实是交了学费，老师也确实是拿了工资来教孩子，但我们在内心深处，应该尊重老师传道授业解惑，正是老师的这种劳动付出，才有了孩子的成长成才，作为父母，要常怀一颗感恩的心。

第二点，是尊敬。老师为什么能成为老师？孩子能从老师身上学到什么？不仅仅是课堂知识，还有老师的为人处事、人际交往、解决问题的方法等等，这些都会潜移默化地影响到学生。尊敬老师，不仅是尊敬知识，更是尊敬人品和经历的传承。

尊重和尊敬，是因为我们觉得老师在大多数情况下，都是好的，所以要孩子学习和跟随。生活中千人千面，万一遇到师德有欠缺的老师，我们要提醒孩子，要学会尊重他人，更要学会保护自己，不要盲从，要学会分析和观察老师。

这是必要的常识，希望父母能主动告诉孩子。

4.5.4 倾听"闯祸"孩子的心声

我是这样教育自己孩子的：在学校里听从老师的话、尊重老师、遵守学校的校规是作为学生的基本素养,和老师、同学说话用文明用语是作为学生的基本道德。但是如果遇到以下的情况,比如老师打你、体罚你、总是用不好的语言来侮辱你人格的时候,你可以不听老师的;如果老师要单独把你带走,去你不是很熟悉的地方,你可以不听,也可以拒绝去。

曾经发生过许多类似的案例,某些事件发生后,因为老师处置不当,学生对老师产生惧怕、逆反等情绪,有些孩子还盲从老师的指令,从而产生一些不好的结果。

我对我的孩子说,老师在人格上跟你是平等的,作为老师,并不是所做的每件事情、所给予的每句评价,都是正确的。如果在学校里跟老师发生了任何不愉快的事情,让你觉得受到了不公平的对待,回来后一定要记得对家人说实话。

我儿子在上幼儿园的时候,有一次,他的老师打来电话告状,说他在玩滑梯的时候把同班一个女同学推了下去,导致这位女同学直接摔到了地上。这件事情听起来确实很严重。很多父母听到后,第一反应就是孩子闯祸了,甚至产生了要体罚孩子的念头。

我却觉得还是有必要和儿子沟通一下的。我直接问他:"Ken,听说你把同班的小女生推到了滑梯下面,摔到了地上,有这件事吗?"儿子说有。我问他:"为什么要这样做?这种行为很危险，人家摔倒了会很痛，万一把头摔伤了，就更严重了，你知道这个后果吗？"

儿子对我说："妈妈，你不是说要帮助别人吗？这个小女生每次在我们排队玩的时候都不敢滑下去，你说要帮助别人，我就在后面推了她一把，就在我推的时候她让了一下，我就推到了她的胳膊，所以她就从边上摔下去了。"

同样的事情，有不同的解读。在老师看来，我儿子推人，是顽皮，是暴力行为；在我和儿子沟通后，我觉得他确实有错，错在行为不恰当，但是他的出发点并没有错。如果我不跟孩子沟通，直接采信了老师说的话后，对儿子一顿打骂，可能打坏的不是孩子的行为，而是他想帮助别人的心。

通过这个案例，我想对家长们说，不同的人出于不同的立场、思维和逻辑，就会有不同的判断，如果你相信你的孩子是诚实的，就不要忽视和孩子主动沟通，在遇到问题的时候要尝试去了解孩子的真实想法，以及那些看起来不可理喻的行为背后真正的动机。如果孩子真的做错了，我们要勇敢站出来，陪孩子去承担责任，但千万不要因为一件事情就全盘否定、打击自己的孩子，他毕竟还是个孩子，还在学习和成长的过程中。

塑造格局

扫一扫,听音频

4.6.1 家风决定格局

我们经常会提到"孩子的起跑线",有很多品牌为了做广告会用各种噱头宣称自己就是孩子的起跑线,也经常有一些家长在各种圈子里号召"不要让自己的孩子输在起跑线上"。这么小就参与竞争,对孩子而言,是不公平的。但孩子之间可以避免竞争吗?似乎也是不可能的。

无法回避的一个问题就是,孩子的起跑线到底在哪里?我觉得它就在父母的格局里。如果父母的言传身教不那么成功,父母的格局不那么高,那么孩子的起点一定不会高。

有人会说,有钱、有地位了,格局自然高,可我只是普通工薪阶层,格局不高,见识也差,但这些都不是我的错。实际情况并非如此,有钱、有地位不一定和格局高画等号,经济条件一般甚至差一些的人也不一定格局就低。格局,确实跟经济有一定的关系,但绝对不是必然的关系。决定格局的,是一个家庭的家风。

说父母的格局之前,我们先来思考一下父母的定义,可能问十个家长就会有十种不同的理解和说法。

我将最欣赏的一段理解与大家分享:"父母是把孩子带到这个人世间的使者,但是父母并不会把自己的要求和希望全压在这个孩子身上。他们只是希望能创造一个新生命,陪着这个新生命走一段人生的旅程。父母赋予这个新生命能力,让其有能力离开自己,独立地生活在这个世界上,有能力去面对未来的一切,这可能才是父母最大的意义 —— 放手,给孩子生命和力量,爱孩子,但是不控制孩子。"

这就是格局。

现在社会普遍存在着招工难的问题,因为大家会发现招来的人都希望"钱多事少离家近"。这是一个美好的愿望。

我曾招用过一个前台妹妹,人长得漂亮也很聪明,但只要给她增加一点工作量,她就会说:"我爸爸说了不能让我多做事情的,我爸爸说了我是不能在外面吃亏的"……你会发现,即使已经进入了社会,这个女孩的思想里面还全都是"我爸爸说……"。

为人父母,疼爱女儿,是人之常情,但这个爸爸的言行,表面上是保护了女儿,不让她吃一点亏,实际上却让他的女儿失去了很多学东西的机会。我一直觉得,当一个人在工作中承担了更多的责任,恰恰就是一个更好的学习机会。如果你什么都不做,按部就班地简单劳动,你甚至连学习和实践的机会都没有。

我是在大学四年级的下半学期出去实习的。一开始,找了一家做显示器的电子公司,这是我的第一份工作。当时,我的爷爷对我说:"到了单位呢,别人不做的事情你要多做,别人不肯干的事情,你也要拿过来做,你不要怕吃亏,因为做了你就能学到本领,以后这些本事都是你的。"这都是我爷爷教导我的。

如果那位前台妹妹的爸爸能有我爷爷的这种思路,进而去教导他的女儿,那么我相信那位前台妹妹会有更多提升自己的机会。这是家风的影响,这也是格局的力量。

4.6.2 学习开阔眼界

在教育孩子的过程中,可以从小事上提高孩子的认知,让孩子知道每份工作的背后都是不容易的,我们要有感恩之心。

在大街上遇到大学生兼职做活动宣传,有些家长是不予理睬的,而有的家长会为了教育孩子,愿意买人家的一点东西,为的是让孩子知道在外面工作很不容易,学生靠自己打工赚钱的精神面貌是值得认同的。面对别人的劳动,我们更多地应该说声"谢谢",应该体会到别人的不易,而不是理所当然地享受人家的免费赠予。

生活无小事,孩子也许反感我们总是在说一些大道理,换位思考,我们是不是也比较反感我们的父母喋喋不休的说教?对孩子的教育,不需要每件事都上升到理论高度,每个话题都慷慨激昂地教育一通,生活中的点点滴滴就能教育和影响孩子,塑造他们的品格,引领他们的未来。

格局的形成,不是一天两天,而是在日常生活中积沙成塔。"孟母三迁"的故事,大家都耳熟能详,大家都知道搬一次家等于遭受一次火灾,那孟母为什么还要不厌其烦地搬家,一切都是为了孩子啊。孟母知道孩子成长的环境、所接触到的人以及日常所见到的事情,都会对一个人特别是小孩子产生影响。如果我们改变不了孩子周遭的环境，至少我们应该带孩子去正能量的地方，去积极地做一些公益，去帮助别人做一些有意义的事情。经常这样做，孩子的心智、情商都会无形中提高很多，最终成长成一个善良的孩子。

现在社会的信息非常发达，技术更新也十分迅捷，如果我们想让孩子将来有更高的格局去面对这个社会，身为父母的我们一定要保持学习的习惯，学习怎么去科学地做父母，学习怎么去提升自己的业务能力和专业度，更重要的是你要让孩子知道父母一直在学习。

我经常说，父母学得越多，孩子会越幸福。至少你懂得了很多先进的育儿理念，不会过分地管制压抑孩子，不会不顾孩子的心理健康，而会在不断的学习中反思自己的言行。相反，如果不学习，仅停留在自己的小世界里，你会自然而然地把所有的压力都投放在孩子身上，你把孩子当成了实现你愿望的"机器"，对于孩子而言，是不公平的、不负责任的。

我在这里呼吁大家，请不要把眼睛只盯在孩子身上，而是得反思自己：自己有没有在成长，有没有在学习，有没有在更新和提升自己的格局？如果你有，你的孩子也一定在走上坡路。

4.6.3 "我"才是一切的根源

首先要明白一点,"我"才是所有关系的主宰,我如果不够好,有问题,那么和任何人连接起来的关系都会出现问题。只有我变得更好了,内心得到了充分的爱,也付出了爱,知道怎么爱自己,才有能力去爱他人,才能跟别人建立起健康的亲密关系。

其次,在认识和了解自己后,我们要学会接纳。我们要知道自己的不完美,知道自己的弱点在哪,接纳自己的同时才能接纳其他人,这样才能真正与他人和睦相处而不是勉强迎合,做到真正健康有益的互相连接。

亲密关系里出现的矛盾和遇到的挫折困难,都不是坏事,它们并不是来破坏彼此关系的。所以,怎么去解决,怎么去接纳,才决定了亲密关系是否会长久。很多人总是在外界寻找答案,但实际上外界的一切事物和感受,都是我们内心的反射,所以要先修炼自己、接纳自己,让自己变得更好。

当做到了解自己、懂自己、接纳自己后,我们就可以大胆勇敢地去爱、去付出了。既然你能接纳自己,就更应该去接纳对方,了解对方的需求,有能量、有力量地爱对方。在经营自己的过程中,其实已经为经营关系做好了准备。

明白了自己才是一切的根本后，矛盾和苦恼就不会那么多了。把负面情绪宣泄到另一个人身上，而对方却不配合时，我们往往会特别难受，但如果调整好自己的情绪，发现对方的态度状态因为自己的转变而改变时，就会非常有成就感。

在亲密关系里，我们能控制的其实只有自己，谁都没有办法完全控制、掌握对方。如果想好好经营亲密关系，就要调整自己、扩容自己、打开自己，用自己的魅力去吸引对方，让对方看到你的不断进步，看到你优秀的一面。

两个人的相处过程中，不要让自己总处于弱势的一方，总认为自己很可怜，天天想着为什么他要这样对我，为什么他现在对我没有以前那么好了。其实这些都是负能量、负向的思维，责怪和质疑没有任何积极的意义和效果。

那么正向的思维是什么样的？我很优秀，很有魅力，我可以吸引他，我的不足可以通过学习去弥补，我可以努力去扩大自己的生活圈子、提升自己的社会价值。

同样，如果亲密关系中只有一个人在学习和进步，也不会收到良好的效果。但是强迫对方学习也没有效果，一定要让另一半感受到你通过学习后的改变，才能引导他去反思，是什么让你发生了改变，从而与你一起学习和提升。所以，又回到最初的那个观点：先做好自己，让自己变得更好。

很多事情说起来简单做起来难。付出了不一定有好结果，但如果不付出，不去好好经营，那一定不会有好结果。人生一定有不如意的时候，如果只是焦虑，将自己陷入矛盾痛苦当中无法自拔，那么一切都没有意义。

焦虑就是浪费时间，它不会改变任何事，只能搅乱你的脑袋，偷走你的快乐；如果无能为力，那就顺其自然；如果事与愿违，就相信上帝一定另有安排；不要把人生花费在讨厌的人和事上，一生有那么多要做的事，哪有时间去想不愉快的事。

家家有本难念的经，活得好的人内心都很强大，这样的人知道尊重自己，知道自己要什么，有能力和能量接纳下一段亲密关系。

我不是一个绝对的悲观主义者或者乐观主义者。我认为，世界上任何事情都有正反两面，我不会一味强调自己变好了，对方就一定会变好，也不会说努力付出了就一定有回报，但是我觉得，只要好好爱自己，让自己的心胸和格局变得更大，人生就不会灰暗。一切事情的根源是我们自己。

4.6.4 原谅过去，接纳自己

家长们肯定希望孩子努力学习，积极向上，乖乖听话，配合自己,谁都不希望有个事事让人操心且不听话的孩子。可是,现实往往事与愿违。

每一个不接纳自己孩子的父母,曾经也可能是一个不被接纳的孩子。小时候情绪和行为不被父母接纳的孩子往往只对亲朋好友或身边的人说自己的好,从来不说不好;喜欢控制他人,什么都要管,强迫别人按照自己的意愿来行事;不尊重孩子的想法,常常以爱的名义去控制孩子。

当孩子成绩不好、不听话、叛逆,甚至做出更多过分行为时,家长往往不会反省自身的教育问题,而是直接抗拒、不接受孩子的行为。常有家长说:"我怎么会有你这样的孩子?""我们家的孩子怎么就比别人家的差这么多?"说这些话都是源于家长的不接受。

在我们小时候,每当哭泣或难过时,父母总会说出这样的话:有什么好哭的?你怎么这么娇气?这么一点小事也值得哭吗?不要老是这样闹情绪等等。听多了这些话就会形成一种条件反射,我们在潜意识里认为哭是不好的,代表着没出息,不能随便哭,不能表现出自己软弱和失败的一面。于是,他们渐渐就成长为报喜不报忧的人,只想在别人面前表现出自己优秀的一面,掩饰不太好的那面,甚至死要面子活受罪。

当这样的孩子长大并成为家长后,负面效果就产生了。

他们会碍于长辈的尊严，即使做错了也不会承认，在与孩子相处时穿着坚硬的盔甲，完全接受不了孩子让人不满意的地方。他们想用孩子来弥补自己小时候未能达成的愿望，这样的做法是不理智、不科学，也是不公平的。

有的家长心态很好，他会说：我小时候成绩不太好，所以我不会要求孩子成绩太好；我小时候不听话，所以孩子不听话也是随了我。这样的家长就比较能接纳自己，他们也会因此而接纳孩子。

换位思考一下，当你很难受时，父母这样对你说："你可以先难过一会儿，等情绪平复后我们再沟通；谁都会遇到挫折，这并不可怕，我们可以一起来面对；如果真的很难受就哭一下吧，没关系的，每个人都有自己难过的时候……"当情绪和行为被接纳时，我们才会变得自信。

学会接纳现状，父母要做到以下几点：

第一，接纳自己在童年里不被接纳的事实。童年已是过去式，我们要学会接纳那些曾经不被人接纳的过往，而不是选择逃避。"我怎么会有这样的父母"这类不切实际的话，只是赌气或者发牢骚，没有任何意义。跟过去妥协，跟父母和原生家庭妥协，理解他们、原谅他们，理解自己、放过自己。

第二，接纳过去，再接纳现在。让自己活在当下，才能接纳将来。一定要明白，虽然我们为了孩子付出许多，但孩子有自己的思想和行为模式，他们不是为了达成我们的愿望而活在这个世界上的，不要逼迫孩子实现自己未完成的期许。

只有自己越优秀，格局才会越高，看待孩子的缺点时才不会那么钻牛角尖，想问题时角度也会更宽泛多元一些。做家长没有想象中容易，他们不仅要满足孩子物质上的需求，更多的是要教导他们，让他们拥有良好的思维方式和行为习惯。

4.6.5 接纳孩子，把爱延续

不被原生家庭接纳的孩子，心里是有残缺和遗憾的，他们一直在寻找能被接纳的归属感。很多人在恋爱中感受到了甜蜜和快乐，以为在原生家庭里没有得到的接纳感，在未来的小家庭里会得到补偿，可事实真的是这样吗？为什么结婚以后还会有争吵和矛盾？为什么有些夫妻最后感情破裂，不得不离婚？其实，因为我们将原生家庭里不被接纳的部分或多或少地强加到了另一半的身上。

不被父母接纳的孩子，会希望找到一个特别爱自己、包容自己的人。可是现实很骨感，生活中满是鸡毛蒜皮的琐事，一旦对方没有表现出包容和理解，自己对原生家庭的怨恨很容易蹦入脑海,并发泄到对方身上。

与同一个人,为什么恋爱时什么都好,接触久了或者结婚之后就会暴露出很多矛盾呢?难道是对方在伪装吗?其实是因为感情刚开始的时候,对方会表现出更多的宽容、忍让和理解,但没有一个人是完美和没脾气的,没有人应该无条件为对方付出,所以在一起久了,问题就不可避免地出现了。不被接纳的人不会意识到自己有问题,一味沉溺在要求对方包容自己的牛角尖里,这就一定会产生矛盾。在质问对方为什么不包容自己时,不妨反思一下:对方为什么一定得无条件包容你呢?他也有被接纳的需求啊。

所以我们要首先接纳自我,接纳原生家庭,接纳父母曾经不接纳我们的事实,和过去、原生家庭,还有父母和解。要告诉自己,改变不了以前的事情,但可以选择接纳曾经发生过的事情。原谅别人其实就是放过自己。

做到这一切之后,自己会更舒服、更坦然、更踏实,才会有足够的耐心和爱心来面对自己的小家庭,对另一半和子女也会更加包容和理解。家庭不是讲对错的地方,而是互相体谅、共同厮守的地方,如果彼此无法接纳,又如何和平相处呢?

同时,养育孩子虽然是快乐的事情,但有时也令人很头疼。你喜欢安静的孩子,但事实上,他非常顽皮;你喜欢爱学习的孩子，但事实上，他的兴趣点并不在此。有些家长会重复小时候父母对自己的各种挑剔、抱怨等。原生家庭的不接纳如同恶性循环一般，不自觉地映射到自己孩子身上。

通常在家人眼里，孩子不被接纳的地方很多。太有个性了，会被说成是倔强不听话；太有想法了，会被说成脑子有问题；不爱和人打交道，就是太不合群了……好像只有乖乖听话的孩子才会被家庭接纳。然而，有个性、有想法、有头脑的人往往更容易成功。

只有被家人充分接纳后，孩子才会开始爱自己，才有足够的能力去接纳和爱别人。接纳孩子的不完美，接纳孩子没有按照自己的规划发展，因为他是孩子，有自己的思想。被父母接纳肯定的孩子，不会将怨气撒在别人身上，这样的孩子是被爱的，内心是平和的，也才有能量将爱继续传播出去。

接纳，是生命永远的课题。从一出生开始，我们就需要被接纳，当我们长大后，就会爱别人，被别人爱。当我们为人父母后，爱我们的孩子，也让我们的孩子学会接纳和爱。接纳孩子、接纳父母、接纳爱人、接纳曾经遇到过的伤害、接纳自己曾经的不完美，更要接纳将来可能会遇到的问题，接纳"唯一不变的，就是永远会变"这个事实。

图书在版编目（CIP）数据

家长的觉醒：幸福家庭心理课 / 徐丹著. -- 宁波：宁波出版社，2021.5
ISBN 978-7-5526-4261-2

Ⅰ.①家… Ⅱ.①徐… Ⅲ.①儿童教育–家庭教育 Ⅳ.① G781

中国版本图书馆 CIP 数据核字（2021）第 071188 号

家长的觉醒：幸福家庭心理课

徐　丹　著

责任编辑	孙秀秀
责任校对	余怡荻
装帧设计	金字斋
出版发行	宁波出版社
	（宁波市甬江大道 1 号宁波书城 8 号楼 6 楼　315000）
印　　刷	宁波白云印刷有限公司
开　　本	889 毫米 ×1194 毫米　1/32
印　　张	6.5
字　　数	120 千
版　　次	2021 年 5 月第 1 版
印　　次	2021 年 5 月第 1 次印刷
标准书号	ISBN 978-7-5526-4261-2
定　　价	49.80 元

本书若有倒装缺页影响阅读，请与印刷厂联系调换，电话：0574-83875165
本书中的二维码若因印刷问题无法扫一扫收听，可扫描封底"乐听经典"二维码获取音频。